Sachsen

Praxis Sprache 6

Sprechen
Schreiben
Lesen

Arbeitsheft

Herausgegeben von	Wolfgang Menzel
Erarbeitet von	Sabine Haeske
	Ute Hirth
	Roswitha Radisch
	Günter Rudolph
Illustriert von	Konrad Eyferth

westermann

Liebe Schülerinnen und Schüler,

ihr findet in diesem Arbeitsheft auf vielen Seiten Aufgaben und Materialien
in den Farben **Türkis** und **Rot**, unter denen ihr auswählen könnt:

- **Türkise Aufgaben, Texte und Übungsmaterialien**
  sind etwas einfacher und kürzer. Sie geben euch Hilfestellungen,
  die ihr für eure Arbeit nutzen könnt.
- **Rote Aufgaben, Texte und Übungsmaterialien**
  sind etwas schwieriger und umfangreicher.

Inhalt

→ **Ein Gespräch untersuchen**

1 Dies ist ein Gruppengespräch in einer 6. Klasse
über das Thema „fair – unfair".
Lies es dir zunächst einmal durch.

Was ist fair – was ist unfair?

Tabea: Willst du anfangen, Niklas?

Niklas: Also, fair, das ist ein typisches Wort im Sport. Fußball!

Mario: Is doch Quatsch! Fußball – und fair!

Tabea: Nicht einfach dazwischenreden, Mario!

Judith: Niklas meint, dass man beim Sport fair spielen soll. Fair Play!

Mario: Soll, soll! Macht man meistens aber nich!

Tabea: Mario, sprich doch etwas deutlicher! Man kann dich ja
kaum verstehen.

Mario: Ich meine, Fußballspiele, die sind doch meistens nicht ganz fair.

Niklas: Stimmt nicht!

Tabea: Machen wir weiter! Was ist eigentlich fair? – Niklas? Judith?

Niklas: Wenn einer einem anderen am Trikot zerrt, das ist unfair.

Judith: Oder wenn sich einer vordrängelt. Das ist auch unfair.

Tabea: Gut. Dann sammeln wir erst mal, was alles unfair ist.

Mario: Mogeln, reinlegen, auslachen …

Judith: Mobben!

Mario: Was is'n das? Kenn ich nich! Gibt's doch gar nich!

Judith: Jemanden hintenherum auslachen, ausgrenzen,
bei anderen schlechtmachen.

Mario: Und das soll fair sein?

Tabea: Mario! Wir sind eben beim Wort *unfair*!
Hast du das nicht mitgekriegt? Also, was noch?

Niklas: Ein Geheimnis verraten. Finde ich auch unfair.

Judith: Schummeln beim Kartenspiel.

Tabea: Gut. Ich glaube, für *unfair* findet man eine Menge Beispiele.
Was ist aber *fair*?

Mario: Petzen ist auch unfair!

Tabea: Jetzt sind wir bei *fair*, Mario – und nicht bei *unfair*!

Mario: Stimmt aber doch, das mit dem Petzen!

Niklas: Also, fair, ich finde, das ist, wenn man sich an die Regeln hält.

Judith: Ja, wenn man ehrlich und anständig ist.

Tabea: Gebt mal'n Beispiel! – Mario?

Mario: Wenn man einen anderen nett findet.

Judith: Nur nett finden? Wer fair sein will, muss schon was *tun*!

Niklas: Ich hab mal gesehen, wie ein Spieler im Strafraum den Ball
mit der Hand ins Tor gespielt hat, und da hat ihn der
Schiedsrichter gefragt, ob er das auch wirklich getan hat,
und da hat der Spieler das zugegeben. Das fand ich fair!

Judith: Ja, das ist ein gutes Beispiel!	_____
Tabea: Also, fair ist ehrlich und anständig.	
Da haben wir doch schon einiges! Noch mehr?	_____
Judith: Fair ist auch, wenn einer dem anderen hilft.	
Tabea: Hilfsbereit also!	_____
Mario: Wenn er ihn in der Klassenarbeit abschreiben lässt!	
Niklas: Na, ob das besonders fair ist?	_____
Mario: Wieso? Er hilft ihm doch!	
Judith: Aber wer abschreibt, ist unehrlich zu sich selbst!	_____
Tabea: Wir können ja mal im Wörterbuch nachsehen. – Niklas?	
Niklas: Da steht: Kommt aus dem Englischen ...	_____
Mario: Is doch klar! Weiß ich doch!	
Tabea: Warte doch ab, Mario!	_____
Niklas: Da steht noch: anständig und gerecht.	
Tabea: Ja, gerecht. Das hatten wir noch nicht.	_____
... ...	

2 Mache dir über die vier Kinder Notizen am Rand des Textes: Was ist dir alles aufgefallen?

3 Als Beobachter einer Diskussion hörst du dir die einzelnen Gesprächsbeiträge
genau an und achtest darauf, wie sich die Teilnehmer verhalten.
Notiere dir zu den folgenden Fragen die Antworten.

- Wer hat sich am häufigsten an dem Gespräch beteiligt? Zähle die Beiträge.

Niklas: _____ **Tabea:** _____ **Mario:** _____ **Judith:** _____

- Wer hat die Führung in dieser Diskussion übernommen? _____

- Wer hat etwas gesagt, was nicht zur Sache gehört? _____

- Wer hat manchmal nicht richtig zugehört? _____

- Wer hat manchmal nicht deutlich genug gesprochen? _____

- Wer hat eine klare Meinung vertreten? _____

- Wer hat das Gespräch vorangebracht? _____

- Wer hat die Gesprächspartner mit Namen angesprochen? _____

- Wer hat den oder die besten Gesprächsbeiträge geliefert? _____

4 Stell dir vor, du hättest selbst an diesem Gespräch teilgenommen. Was hättest
du als Beispiele für faires und unfaires Verhalten gegeben? Schreibe auf:

fair: _____

_____

unfair: _____

_____

→ Jemanden mit Ich-Botschaften fair kritisieren

M

Ich-Botschaften / Du-Botschaften

Du-Botschaften können Auseinandersetzungen verschärfen. Sie tragen in der Regel wenig zu einer Einigung oder Lösung bei. So enthalten Du-Botschaften oft

- Vorwürfe *(Sieh dir an, was du angerichtet hast!)*,
- Beleidigungen *(Du Blödmann!)* oder
- Schuldzuweisungen *(Das ist alles deine Schuld!)*.

Mit **Ich-Botschaften** kann man dagegen oft schneller zu einer Einigung kommen. Das liegt daran, dass Ich-Botschaften den anderen nicht direkt angreifen. In einer Ich-Botschaft sagt der Sprecher,

- was er gut bzw. nicht gut findet *(Ich finde es nicht gut, dass …)*,
- warum er es gut bzw. nicht gut findet *(… weil ich jetzt nichts mehr zu essen habe.)*,
- was er fühlt oder denkt *(Ich bin verärgert über … / Ich denke …)* oder
- was er für notwendig hält *(Ich möchte, dass … / Ich erwarte, dass …)*.

1 Formuliere zu den folgenden Situationen Ich-Botschaften, die zur Lösung der Konflikte führen können.

1. Das ist passiert:

In der Pause stehen ein paar Jungen auf dem Schulhof im Kreis und kicken sich den Ball zu. Der Ball muss in der Luft gehalten werden und darf nicht den Boden berühren, sonst scheidet man aus. Als Jens den Ball zugespielt bekommt, nimmt er ihn falsch an. Mit gestrecktem Bein versucht er den Ball doch noch in der Luft zu halten. Aber er trifft den Ball unglücklich. Der Ball fliegt aus dem Kreis heraus und trifft Jenny, die gerade mit Freundinnen vorbeikommt, am Kopf. Das tut natürlich sehr weh! Jedenfalls ist Jenny stocksauer …

Jenny: Jens, du dämlicher Blödmann! Kannst du nicht aufpassen? Du hast mir den Ball an den Kopf geschossen. Das tut total weh! Wenn du nicht Fußball spielen kannst, dann lass es auch!

Jenny: _____

2. Das ist passiert:

Als Sabine auf die Mädchentoilette geht, sieht sie, dass im Gang überall abgerolltes Toilettenpapier herumliegt. Conny und Celine aus der 8e stehen im Toilettengang, und Conny wirft lachend Klopapierrollen herum. Dann rennen beide ausgelassen an Sabine vorbei. „Verpetz mich bloß nicht!", ruft Conny noch. Aber Sabine ist sauer. Sie wollte in Ruhe zur Toilette gehen, und jetzt sieht es hier aus wie in einem Saustall. Das will Sabine sich nicht gefallen lassen. Sie beschließt, Conny anzusprechen ...

Sabine: _Du, Conny, ich würde mal gerne mit dir reden. Ich war ja gerade eben auf der Toilette und ..._

_____

_____

_____

_____

_____

3. Das ist passiert:

Kevin kann Tamara nicht gut leiden. Immer hackt er auf ihr herum. Als Tamara eines Tages eine neue Jacke anhat, legt Kevin wieder los. Er beschimpft Tamara und fragt, was das denn für eine Assi-Jacke sei. Dann fragt er sie noch provozierend, ob sie sich keine vernünftige Jacke leisten könne. Diese ewige Hetzerei will Tamara sich nicht länger gefallen lassen. Sie findet Kevins Verhalten unfair und verletzend. Darum beschließt sie, ihn in der Pause zur Rede zu stellen. Ihre Freundin Jana nimmt sie zu ihrer Unterstützung mit.

Jana: _Hör mal, Kevin, wir müssen mal mit dir reden. Ich fänd's nett, wenn du ein paar Minuten Zeit hättest._

Also, es geht um ...

_____

_____

_____

_____

_____

_____

Über mich und andere:
Kinder
hier und
anderswo

→ **Einen Zeitungstext für einen kurzen Bericht nutzen**

M

Bericht

Nachrichtentexte in der Zeitung **berichten** über Ereignisse, die für viele Leute interessant sind.

- Sie **informieren** über den Sachverhalt, indem sie die **W-Fragen** beantworten:
  Was ist passiert? **Wer** war daran beteiligt? **Wo**, **wann** und **warum** ist es geschehen?
  Wie ist es ausgegangen?
- Darüber hinaus sollen Zeitungsnachrichten oft auch **unterhaltsam** sein. Deshalb werden z.B. anschauliche Wörter verwendet oder wörtliche Reden eingefügt.

Dackel Luzi im Kaninchenbau

Bremen. Am Mittwoch mussten Einsatzkräfte der Feuerwehr einen Hund aus einem Kaninchenbau befreien.

Am Nachmittag war Dackel Luzi mal wieder auf Kaninchenjagd am Ochtumdeich. Herrchen Diedrich und Frauchen Ursula Grommé wollten gerade ihren Spaziergang beenden, als ihre lebhafte Hündin in einem Kaninchenbau verschwand – und nicht wieder herauskam. Das Ehepaar wartete geduldig vor dem Eingang des Baus, rief immer wieder nach Luzi. Ursula Grommé: „Nach fünf Stunden bekamen wir es mit der Angst zu tun, alarmierten die Feuerwehr." Gegen 21 Uhr rückten die Retter an. Im Schein ihrer Taschenlampen gruben sie mit Schaufeln und Spaten nach dem Hund. Bei dem gefrorenen Boden ein hartes Stück Arbeit. Diedrich Grommé: „Wir hofften, dass Luzi in einem der engen Gänge nur feststeckte und ihr nichts Schlimmeres passiert war." Nach einer halben Stunde hatten sich die Feuerwehrmänner bis zu Luzi durchgegraben. Doch als die Hündin das grelle Licht der Scheinwerfer erblickte, nahm sie vor Schreck noch mal Reißaus. Die Einsatzkräfte konnten sie jedoch kurz darauf wieder einfangen. Luzi war zwar etwas verwirrt, aber sonst unversehrt. Den Feuerwehreinsatz müssen ihre Besitzer zahlen. Ursula Grommé: „Das machen wir gerne. Für Luzis Wohlergehen ist uns nichts zu teuer."

1 Welche Antworten gibt der Artikel auf die **W-Fragen**? Notiere Stichwörter.

Wann und **wo** ist es passiert? _____

Wer war beteiligt? _____

_____

Was ist geschehen? _____

_____

Warum ist es passiert? _____

Wie ist es ausgegangen? _____

_____

2 Stelle dir folgende Situation vor:
Der Zeitungsartikel ist fertig und soll gedruckt werden. Doch mit 193 Wörtern ist er viel zu lang geworden und enthält einiges Überflüssiges. In der Zeitung ist nur Platz für 80 bis 90 Wörter. Also muss der Artikel um mehr als die Hälfte gekürzt werden.
Arbeite erst einmal den Zeitungsartikel Satz für Satz durch und streiche mit dem Bleistift alle Wörter und Sätze durch, die du für überflüssig hältst.

> **Bremen.** Am Mittwoch mussten Einsatzkräfte der Feuerwehr einen Hund aus einem Kaninchenbau befreien.
> Am Nachmittag war Dackel Luzi ~~mal wieder auf Kaninchenjagd~~ am Ochtumdeich. ~~Herrchen Diedrich und Frauchen Ursula~~ Grommé wollten ~~gerade~~ ihren Spaziergang beenden, als ihre ~~lebhafte~~ Hündin
> ...

3 Schreibe nun einen kurzen Bericht auf. Natürlich musst du die gekürzten Sätze manchmal verändern oder neu formulieren, damit ein richtiger Text daraus wird.
Der Anfang ist hier schon abgedruckt.

Dackel Luzi im Kaninchenbau

Bremen. Am Mittwoch mussten Einsatzkräfte der Feuerwehr einen Hund aus einem Kaninchenbau befreien. Am Nachmittag verschwand bei einem Spaziergang am Ochtumdeich der Dackel des Ehepaars Grommé in einem Kaninchenbau und kam nicht wieder heraus.

_____

_____

_____

_____

_____

_____

_____

_____

_____

_____

_____

_____

4 Wie viele Wörter hast du geschrieben? Zähle sie. _____

5 Überprüfe mit Hilfe der **W-Fragen**, ob dein Bericht noch die wichtigsten Informationen enthält.

Über mich und andere:
Kinder
hier und
anderswo

→ **Zeugenaussagen für einen Bericht nutzen**

Unsere Wälder brennen leider viel zu oft.
Häufig ist falsches und fahrlässiges Verhalten von
Waldbesuchern die Ursache für schlimme Waldbrände.

1 Lies, was ein Revierförster und ein Feuerwehrmann über
einen Waldbrand im Weserbergland berichten.

Ein Waldbrand im Weserbergland

Der Revierförster:

*Am Pfingstmontag entdeckte
ich um 15.40 Uhr eine Rauchsäule
im Waldgebiet „Hoher Stolle".*

*Eine 3 000 Quadratmeter
große Schonung[1] stand in Flammen
und ich alarmierte sofort
die Feuerwehr.*

*Die zwei bis drei Jahre
alten Bäume haben wir erst vor
drei Wochen gepflanzt.*

*3 000 junge Eichen und
Buchen sind verbrannt. Ich schätze
den Sachschaden auf 5 000 €.*

*Vermutlich wurde der Brand fahrlässig[2]
gelegt. Ein Zeuge hat am Pfingstmontag eine
Gruppe Wanderer gesehen, an deren Bollerwagen
vier Fackeln brannten.*

Der Einsatzleiter der Feuerwehr:

*Am Pfingstmontag
wurden wir um 15.43 Uhr wegen
eines Waldbrandes alarmiert und trafen
gegen 16.00 Uhr am Brandort ein.*

*Der Brandort war nur
schwer zugänglich. Wir mussten
mit unseren schweren Löschfahrzeugen
tief in den Wald hineinfahren.*

*Auf den schmalen Wegen war das
riskant. Aber genau das hat größeren Schaden
verhindert. Es hätte viel zu lange gedauert,
eine mehrere Tausend Meter lange
Schlauchleitung zu verlegen.*

*Das Löschwasser mussten wir
von weit her mit Tanklöschfahrzeugen
heranschaffen.*

*Erst am
Dienstagmorgen um 10.30 Uhr
hatten wir den Brand gelöscht. Wegen der
Brandsicherheitswache und den Nachlöscharbeiten dauerte der Gesamteinsatz
noch bis Mitternacht.*

[1] Schonung: junger und besonders geschützter Baumbestand
[2] fahrlässig: einen Schaden, einen Unfall aus Unachtsamkeit oder Nachlässigkeit verursachen

2 Notiere dir aus den Aussagen des Försters und des Feuerwehrmannes Antworten
auf die folgenden sechs **W-Fragen**.
Aber Achtung: Auf die letzte Frage erhältst du als Antwort nur eine Vermutung.

1. **Was** ist geschehen? _____

_____

2. **Wo** ist es geschehen? _____

_____

3. **Wann** ist es geschehen? _____

_____

4. **Wer** hat dagegen etwas getan? _____

_____

5. **Wie** ist das Ganze ausgegangen? _____

_____

_____

_____

6. **Warum** ist es geschehen? _____

_____

_____

_____

3 Schreibe einen Bericht über den Waldbrand.
So kannst du beginnen:
*Am Pfingstmontag entdeckte der Revierförster um 15.40 Uhr
bei seinem Rundgang einen Waldbrand im Gebiet „Hoher Stolle".
Dort stand eine 3 000 Quadratmeter große Schonung in Flammen.
Der Revierförster alarmierte umgehend die Feuerwehr. ...*

→ **Informationen aus Unfallskizze und Zeugenaussagen entnehmen**

M

Berichten

Wenn ein **Unfall** passiert ist, muss oft ein **Bericht** für die Polizei oder die Versicherung geschrieben werden. Dabei kann es dann um so wichtige Dinge wie Verletzungen, Schäden und Schuld gehen.

- Berichte nur, was **tatsächlich** passiert ist – also keine Vermutungen oder Gefühlsäußerungen.
- Berichte nur, was für den Ablauf des Unfalls **wichtig** ist.
- Schreibe den Bericht überwiegend im **Präteritum**.

1 Sieh dir die Unfallskizze an. Welche Aussagen treffen zu? Kreuze sie an.

1) Der Unfall ereignete sich auf dem Fußweg an der Vogelbeerstraße, Ecke Eichenweg. ☐
2) Der Unfall ereignete sich auf dem Zebrastreifen des Eichenwegs, Ecke Vogelbeerstraße. ☐
3) Ein Motorradfahrer bog von der Vogelbeerstraße links in den Eichenweg ab. ☐
4) Ein Motorradfahrer bog von der Vogelbeerstraße rechts in den Eichenweg ab. ☐
5) Ein Mädchen mit Hund überquerte den Zebrastreifen in Richtung Stadtwald. ☐
6) Ein Mädchen mit Hund überquerte den Zebrastreifen in Richtung Post. ☐
7) Eine Zeugin beobachtete den Unfall vom Postgebäude aus. ☐
8) Eine Zeugin beobachtete den Unfall vom Fleischerladen aus. ☐

2 Lies die Zeugenaussagen und markiere die für den Unfallhergang wichtigen Informationen.

Zeugenaussagen zum Unfallhergang

Lisa Schmidt:
Ich war mit meinem Hund im Kölner Stadtwald. Auf dem Rückweg ist es dann passiert. Als wir gerade den Zebrastreifen überquerten, kam ein Motorradfahrer um die Ecke gebrettert. Er hat den armen Bronco angefahren und verletzt. Der Tierarzt hat später festgestellt, dass Broncos rechtes Vorderbein gebrochen war.

Kai Bergmann:
In der Dämmerung habe ich beim Abbiegen das Mädchen und den Hund leider übersehen. Ich habe noch gebremst, aber ich bin ins Schleudern geraten und gestürzt. Verletzt habe ich mich aber nicht.

Marianne Ahrens:
Der Unfall ereignete sich am 9. März 20... Es war genau halb sieben, denn ich wollte gerade den Laden abschließen. Da sah ich, wie ein Motorrad mit hoher Geschwindigkeit links in den Eichenweg abbog. Das Mädchen konnte gerade noch zur Seite springen, aber ihren kleinen Boxer, den hat's erwischt.

3 Notiere dir kurze Antworten zu den **W-Fragen**.
Nutze dazu Informationen aus der Unfallskizze und den Zeugenaussagen.

Wer war beteiligt?

Unfallpartner: *Lisa Schmidt* _____

Zeugen: _____

Wann ist es passiert?

Datum, Uhrzeit _____

Wo ist es passiert?

Ort, Straßen _____

_____

Was ist geschehen? Warum?

Unfallhergang _____

_____

_____

_____

Wie ist es ausgegangen?

Folgen des Unfalls _____

_____

_____

4 Schreibe den vollständigen Unfallbericht in dein Heft.
So kannst du anfangen:

Am 9. März 20... ereignete sich um 18.30 Uhr auf dem Eichenweg in Köln ein Unfall. Daran beteiligt waren ...

5 Überprüfe deinen Bericht mit Hilfe der folgenden Checkliste.

CHECKLISTE

Ich habe ...
- ✓ ... in den Zeitformen der Vergangenheit geschrieben.
- ✓ ... genau über die Fakten informiert und die W-Fragen beantwortet.
- ✓ ... in der zeitlichen Reihenfolge des Geschehens berichtet.
- ✓ ... auf eigene Gefühle oder Bewertungen verzichtet.

→ **Einem Sachtext gezielt Informationen entnehmen**

M

Sachtexte

Sachtexte findest du z. B. in Fachzeitschriften, Sachbüchern und in Lexika.
Sie sollen den Leser über ein bestimmtes Thema, ein Fachgebiet **informieren**.
Deshalb enthalten sie häufig **Fach-** und **Fremdwörter**.

1 Lies dir den folgenden Sachtext durch.

Kinderarbeit

Kinderarbeit hat es immer schon gegeben, auch bei uns. Früher arbeiteten viele
Kinder in der Landwirtschaft oder als Dienstboten. Das war ganz normal. Aber
mit der Industrialisierung vor etwa 200 Jahren nahm die Kinderarbeit in Europa
schlimme Ausmaße an: Kinder ab vier Jahren arbeiteten damals unter unmensch-
5 lichen Bedingungen, zum Beispiel in Kohlegruben oder in der Textilindustrie, und
das bis zu 16 Stunden täglich. Die Familien brauchten das Geld aus der Kinderarbeit, um nicht zu verhungern. Und die Menschen, die diese Kinder für sich arbeiten ließen, fühlten sich sogar als Wohltäter. Dabei beuteten sie die Kinder aus, die
nur wenig Lohn bekamen. Von der viel zu schweren Arbeit wurden sehr viele Kin-
10 der krank. Heute dürfen Kinder in Deutschland nur ausnahmsweise erwerbstätig
sein; die Bedingungen dafür sind im Jugendarbeitsschutzgesetz geregelt.

Doch weltweit sieht das anders aus. Die Internationale Arbeitsorganisation
(IAO) und die UNICEF schätzen die Zahl der Kinderarbeiter auf 250 Millionen,
davon allein in Indien 44 Millionen. Im Durchschnitt arbeitet in den Entwick-
15 lungsländern Asiens, Afrikas und Lateinamerikas jedes fünfte Kind zwischen fünf
und 14 Jahren.

Kinderarbeiter können oft keine Schule besuchen, sondern müssen jeden Tag
viele Stunden lang harte Arbeit leisten. Sie arbeiten auf den Feldern oder im Haus-
halt, nähen Fußbälle oder T-Shirts, knüpfen Teppiche oder schleppen Steine. Oft
20 müssen sie bis zur totalen Erschöpfung schuften. Sie leiden an chronischen Krankheiten, Blutarmut, Vitaminmangel, schlechter Ernährung und Untergewicht.

Viele Kinderarbeiter stammen aus bettelarmen Familien, die vom Land in die
Stadt gezogen sind. Sie wohnen in Slums. Das Einkommen der Eltern reicht nicht
aus, um die Familie satt zu bekommen, also müssen die Kinder mitverdienen. Eine
25 Untersuchung hat ergeben, dass die meisten Eltern ihre Kinder niemals zur Arbeit
schicken würden, wenn die äußerste Not sie nicht dazu zwingen würde.

Es ist ein Teufelskreis: Weil die Kinder nicht zur Schule gehen, haben sie keine
Ausbildung. Als Erwachsene werden sie später zu arm sein, um ihre Kinder zu er-
nähren, die dann wieder zur Kinderarbeit gezwungen sind. Umgekehrt ist Kinder-
30 arbeit auch eine Ursache für Elternarmut. Weil es so viele billige Kinderarbeiter
gibt, bekommen auch die Erwachsenen nur geringen Lohn oder sind arbeitslos.

Die Vereinten Nationen verurteilten 1989 die Kinderarbeit in der UN-Kinder-
rechtskonvention. 2002 wurde der „Tag gegen Kinderarbeit" eingerichtet. Jedes
Jahr am 12. Juni wird nun daran erinnert, dass es vielen Kindern auf der Welt
35 schlecht geht.

Inzwischen haben sich Tausende Kinderarbeiter in Indien, Lateinamerika und
Afrika in Gewerkschaften organisiert und sich zu einer internationalen Kinderbewegung zusammengeschlossen. Diese Kinderarbeiter kämpfen für bessere Ar-
beitsbedingungen, regelmäßigen Schulbesuch und Vorbereitung auf eine spätere
40 Berufstätigkeit.

2 Schreibe kurz auf, was für dich das Wichtigste an diesem Text ist:

_____

_____

_____

_____

3 Die folgenden acht Aussagen stehen so ähnlich im Text.
Markiere die entsprechenden Stellen im Text und notiere die Zeilenangaben:

1. Kinderarbeit gibt es schon
   seit Menschengedenken.   _Zeile 1_

2. Die Arbeitgeber der Kinder glaubten damals tatsächlich, sie täten
   etwas Gutes für die Kinder.   _____

3. Heute ist bei uns Kinderarbeit
   nur unter bestimmten Umständen erlaubt.   _____

4. Kinderarbeit kann eine Ursache
   für viele Krankheiten sein.   _____

5. Die Armut der Eltern ist die
   Hauptursache für Kinderarbeit.   _____

6. Kinderarbeit ist aber auch eine
   Ursache für Elternarmut.   _____

7. Mit der UN-Kinderrechts-
   konvention wurde 1989
   die Kinderarbeit geächtet.   _____

8. Kinderarbeiter aus aller Welt
   haben eine internationale
   Kinderbewegung gegründet.   _____

4 Lies nun den Text _Kinderarbeit_ noch einmal Absatz für Absatz.
Notiere zu jedem Abschnitt eine Zwischenüberschrift am Rand des Textes.
Hier sind zwei Vorschläge, die du den ersten beiden Absätzen zuordnen kannst:
Heutzutage 250 Mio. Kinderarbeiter weltweit – Kinderarbeit vor 200 Jahren in Europa

5 In dem Text _Kinderarbeit_ kommen folgende Fremdwörter vor. Notiere zu jedem Wort
eine kurze Erklärung. Vielleicht kannst du die Wörter aus dem Textzusammenhang erklären
oder jemanden danach fragen. Du kannst auch in einem Wörterbuch nachschlagen.

Industrialisierung: _in einem Land Industrie einführen und entwickeln_ _____

Textilindustrie: _____

Lateinamerika: _____

Vitamin: _____

Slum: _____

chronisch: _____

Nation: _____

Vereinte Nationen (UN): _____

Konvention: _____

sich organisieren: _____

→ **Eine Personenbeschreibung untersuchen**

Das ist Carlos Barrera. Er ist dreizehn Jahre alt und lebt in Gameza, einem Dorf in Kolumbien. Obwohl er noch so jung ist, arbeitet er schon in einem Kohlenbergwerk. Zwar ist es gesetzlich untersagt, Kinder unter 16 Jahren als Arbeiter zu beschäftigen, aber Carlos' Familie ist arm. Alle Kinder der Barreras müssen arbeiten, um nicht zu verhungern.
Das Foto zeigt Carlos nach seiner Arbeitsschicht im Bergwerk.

1 Sieh dir Carlos einmal genau an. Schreibe deinen ersten Eindruck auf. Wie wirkt Carlos auf dich?

_____

_____

_____

_____

2 Lies, wie eine Entwicklungshelferin Carlos beschrieben hat. Bei einem Besuch des Kohlenbergwerkes war ihr der Dreizehnjährige aufgefallen. Sie fotografierte ihn und schrieb in ihr Tagebuch:

Begegnung mit Carlos Barrera

Das Bergwerk von Gameza ist ein hoffnungsloser Ort. Überall Kohlenstaub, veraltete Maschinen und Dreck. Hier arbeiten zu müssen, ist schon für Erwachsene schwer zu ertragen, aber für Kinder ...? **(A)**

5   Nachdem ich einen der Schächte besucht hatte, traf ich am Ausgang auf einen schwarzhaarigen Jungen, der vielleicht zwölf, dreizehn Jahre alt sein mochte, der aber für sein Alter viel zu ernst wirkte. Mit verschränkten Armen und leicht gesenktem Kopf stand

10 er vor mir und schaute mich aus dunklen, traurigen Augen misstrauisch an. Carlos Barrera heiße er, sagte der schmächtig gebaute Junge mürrisch, als ich ihn nach seinem Namen fragte. Obwohl Carlos kaum größer als 1,50 Meter war, kam er mir wie ein Erwachse-

15 ner vor. **(B)**

Trotz seiner anfänglich ablehnenden Haltung durfte ich ihn dann doch fotografieren. Er stellte sich vor die Schachtmauer, verschränkte seine vom Kohlenstaub verschmutzten Hände vor dem Körper und schaute müde und skeptisch in die Kamera. Mit dem verdreck- 20 ten Arbeitshelm und der glänzenden Grubenlampe auf dem Kopf sah er wirklich nicht wie ein Kind aus, sondern wie ein erwachsener Grubenarbeiter. Seine Augenlider und Tränensäcke waren geschwollen und wirkten etwas entzündet; wahrscheinlich von dem 25 ganzen Kohlenstaub, dachte ich mir, denn Schutzbrillen gibt es für die Arbeiter nicht. Seine schwarzen Augenbrauen waren zu einem skeptischen Blick heruntergezogen und seine breiten Lippen hielt er fest geschlossen, ganz so, als wolle er mir zeigen, dass er 30

an einer Unterhaltung nicht interessiert sei. Schon auf den ersten Blick habe ich großes Mitleid mit Carlos gehabt. Seine geschundenen Hände, sein schmutziges, halb offenes Polohemd, seine verschlissene, löchrige
35 Hose, der ernste Gesichtsausdruck und seine verschlossene Körperhaltung zeugten von einem harten und entbehrungsreichen Leben. Als Arbeitsschuhe dienten ihm abgetragene Turnschuhe, die nicht mehr lange halten würden. **(C)**
40 Hier stand also ein Kind vor mir, das nicht Kind sein durfte, sondern in der rauen Welt des Kohlenbergwerkes wie ein Erwachsener Geld verdienen musste.

Trotz seiner verzweifelten Lage spürte ich in Carlos' trotziger Körperhaltung aber auch einen Hauch von Stolz und Selbstbewusstsein. Er hat gelernt zu 45 überleben und er weiß, dass er für sich selbst sorgen kann. Ich frage mich, was der Junge gedacht hat, als ich die Kamera auf ihn gerichtet habe. Vielleicht kann er nicht verstehen, dass jemand wie ich freiwillig an solch einen trostlosen Ort kommt. Oder vielleicht er- 50 hofft er sich auch Hilfe. Bestimmt würde er gerne dem Bergwerk entfliehen und eine Schule besuchen, um eine Chance auf ein besseres Leben zu haben. **(D)**

3 Carlos' Aussehen wird recht genau beschrieben. Notiere dir Stichwörter aus dem Text:

Kopf: _____

_____

Gesicht/Mimik: _____

_____

Körperbau: _____

_____

Körperhaltung: _____

_____

Kleidung: _____

_____

4 Die Entwicklungshelferin beschreibt nicht nur Carlos' äußeres Erscheinungsbild, sondern sie versucht auch, sich in seine Lage hineinzuversetzen:
- Welche **Vermutungen** stellt sie über Carlos an?
- Welche **Wirkung** hat die Begegnung mit dem Jungen auf sie ausgeübt?

Markiere solche Stellen mit verschiedenen Farben im Text.

5 Ordne die folgenden Elemente einer Personenbeschreibung den vier Abschnitten **A–D** des Textes zu:

Eindrücke und Vermutungen über die Person
Der Ort und die Situation der Begegnung

Der Person begegnen und sie vorstellen
Wie die Person aussieht und wie sie so ist

A: _____

B: _____

C: _____

D: _____

→ **Eine Person beschreiben**

M

Personen beschreiben

Das Wichtigste bei der Personenbeschreibung ist:
Der Leser soll sich die beschriebene Person gut
vorstellen können. Natürlich können niemals alle
Merkmale beschrieben werden, sondern man muss
auswählen, was für diese Person wichtig, typisch
oder besonders charakteristisch ist. Bei einer
Personenbeschreibung geht es nicht nur um das
Äußere, sondern auch darum, welche Wirkung die
beschriebene Person auf den Betrachter ausübt.

Nargis

Nargis lebt in Mandsaur, einer Stadt mitten in Indien. Dort gibt es große Schiefersteinbrüche. Die
Schieferplatten werden in unzähligen Werkstätten
in kleine Stäbchen zersägt und dann zu Griffeln
5 verarbeitet. Mit diesen Griffeln schreiben indische
Kinder in der Schule auf ihren Tafeln; Papier und
Bleistift oder gar Füller wären viel zu teuer. Aber
die kleine Nargis kann nicht zur Schule gehen. Weil
ihre Eltern arm sind, muss die Siebenjährige in ei-
10 ner der Schieferwerkstätten schwer arbeiten.

1 Stell dir vor, du bist auf einer Reise in Indien und gehst auf Nargis zu.
Was geht dir durch den Kopf, was empfindest du? Notiere deinen ersten Eindruck.

2 Was mag Nargis denken? Welche Sorgen oder Wünsche könnte sie haben?

3 Betrachte das Foto. Mach dir Notizen zu den folgenden Punkten:

Situation, Umgebung: _____

_____

Kopf, Gesicht: _____

_____

Mimik: *in sich gekehrter Blick, ...* _____

Körperbau: *schmächtig, ...* _____

_____

Körperhaltung: *etwas zusammengesunken, ...* _____

_____

Kleidung: _____

_____

4 Verfasse nun eine Personenbeschreibung.
- Beschreibe Nargis so, als ob du ihr wirklich begegnet wärst. Schreibe also in der **Ich-Form**.
- Nutze auch die Informationen aus dem Text über Nargis.
- Du kannst deine Personenbeschreibung in den **Zeitformen der Vergangenheit** verfassen.
  Dann wirkt das so, als ob du aus der Erinnerung heraus beschreibst:
  *Ich traf Nargis zum ersten Mal in der Schieferwerkstatt ihres Onkels am Stadtrand
  von Mandsaur. Sie hockte auf dem staubigen Boden und sah so traurig aus. ...*
- **Oder** du kannst auch im **Präsens** beschreiben. Dann wirkt das so,
  als ob du deiner Person gerade eben begegnest:
  *Als ich durch die niedrige Tür die kleine Schieferwerkstatt betrete, sitzt da in all dem Staub
  und Dreck ein Kind auf dem Boden. Mir fällt gleich auf, wie traurig die kleine Inderin aussieht. Nargis heißt sie und ist gerade mal sieben Jahre alt. ...*

5 Überprüfe deine Personenbeschreibung mit Hilfe der folgenden Checkliste.
Überarbeite deinen Text gegebenenfalls noch einmal.

CHECKLISTE

Ich habe ...
- ✓ in der Ich-Form beschrieben.
- ✓ die gewählte Zeitform eingehalten.
- ✓ anfangs die Situation dargestellt, in der ich der Person begegne.
- ✓ dann beschrieben, wie die Person aussieht und wie sie so ist.
- ✓ abschließend geschrieben, wie mein Eindruck von der Person ist,
  wie sie auf mich wirkt, was ich über sie vermute.
- ✓ anschauliche Adjektive und Verben verwendet.
- ✓ abwechslungsreiche Satzanfänge gefunden.
- ✓ die Regeln der Rechtschreibung und Zeichensetzung beachtet.
- ✓ insgesamt so beschrieben, dass sich ein Leser die Person auch ohne Bild gut vorstellen kann.

→ **Die Wirkung von Sportberichten und Fotos auf den Leser untersuchen**

Frankfurter Rundschau › Sport › **Frauen-Fußball-WM 2011** 09.07.2011

Frauen-WM 2011

0:1-Niederlage – Deutsche Elf scheitert gegen Japan

Märchen ohne Happy End: Mit der ersten WM-Nie-
derlage seit zwölf Jahren sind die deutschen Fußbal-
lerinnen im Viertelfinale gescheitert. Die Japanerin
Karina Maruyama beendete mit ihrem Tor den deut-
5 **schen Traum vom Titelhattrick.**[1]

Die Mannschaft von Bundestrainerin Silvia Neid
verlor am Samstagabend in der Verlängerung mit 0:1
gegen Japan. Ausgerechnet vor eigenem Publikum
schnitt das deutsche Team damit so schlecht ab wie
10 zuvor nur einmal bei einer WM: 1999 gab es im Viertelfinale eine 2:3-Niederlage gegen die USA.

Karina Maruyama riss mit dem entscheidenden
Tor in der 108. Minute die Gastgeberinnen aus allen
Träumen vom Titelhattrick. Das Neid-Team, das fast
15 durchweg überlegen, aber nie zwingend genug agier-
te, kämpfte in der verbleibenden Zeit vor 26 062 Zu-
schauern in Wolfsburg leidenschaftlich um den Aus-
gleich, doch am Ende standen die Gastgeberinnen mit
leeren Händen da.

Besonders bitter für Birgit Prinz: Die Rekordnatio- 20
nalspielerin erlebte die schlimmste Stunde für den
deutschen Frauenfußball auf der Bank. Sie wurde
nicht mehr eingewechselt und wird nun nach 24 WM-
Spielen und 14 WM-Toren ihre Karriere ohne den er-
hofften Höhepunkt beenden. 25

Japan steht erstmals im Halbfinale einer Weltmeisterschaft und trifft dort am Mittwoch in Frankfurt
auf Schweden oder Australien. Für den Weltranglistenvierten war es der erste Sieg überhaupt gegen den
zweimaligen Weltmeister. [...] 30

[1] dreimaliger Erfolg einer Mannschaft oder eines Sportlers in Folge

Für die deutschen Fußballerinnen ist in Wolfsburg ein Traum zu Ende gegangen. (Bild: Reuters)

1 Was spricht aus dem Artikel? Markiere die Antwort(en).

Fröhlichkeit   *Zufriedenheit*   *Enttäuschung*

Erleichterung   *Traurigkeit*   *Wut*

2 Belege mit einer Textstelle (mit Angabe der Zeile) oder anhand des Fotos,
warum der Artikel so auf dich gewirkt hat.

_____

_____

_____

3 Markiere zu folgenden Fragen entsprechende Stellen im Text.
  • Mit welchem Ergebnis des Spiels hat der Verfasser des Textes gerechnet?
  • Wie ist es aber tatsächlich ausgegangen?

4 Schreibe fünf Textstellen mit Angabe der Zeile aus dem Text heraus, die
die Enttäuschung des Autors über den Ausgang des Spiels deutlich machen.

_____

_____

_____

_____

_____

_____

_____

_____

_____

_____

_____

_____

_____

5 Betrachte das Foto zum Text genauer.
Markiere dann, welche Wörter den Gesichtsausdruck der Spielerinnen treffend ausdrücken.

ausgelassen   *niedergeschlagen*   *sorgenvoll*   *traurig*   *versteinert*

optimistisch   *bedrückt*   *verzweifelt*   *jubelnd*   *fassungslos*

M

→ Personen beschreiben

Personen beschreiben

Die Beschreibung einer Person, die es wirklich gibt oder die man sich ausgedacht hat,
nennt man **Personenbeschreibung**. Der Leser eines solchen Textes muss sich vorstellen können,
wie die Person **aussieht** (Größe, Alter, Frisur, Kleidung …), wie sie sich **verhält** (Gesichtsausdruck,
Gebärden …) und welchen **Eindruck** sie macht (freundlich, traurig, lustig, frech …).
Deswegen kommen in Personenbeschreibungen viele **anschauliche** Adjektive und Verben vor.

1 Lies dir die beiden folgenden Texte mit den Fantasiewörtern durch.

Ein freundliches Mädchen

Das Mädchen auf dem Foto sieht mich möchelig _____ an. Ihre Augen sind dinkel-

blor _____. Sie hat eine etwas blume _____ Hautfarbe

und schnarke _____ Haare mit einem Mittelscheitel. Sie trägt ein graues Shortpull

_____ mit Padauze _____ und Reißverschluss. Sie hat

dunkelblaue Shwaers _____ an. Ihre blaußen _____ Turn-

schuhe mit den roten Kneilen _____ sehen sauber geputzt aus. Wie sie da schnüt

_____, macht sie einen sehr blümigen _____ Eindruck. Ich

glaube, wenn man sie als Freundin hat, könnte man echt klün _____ darüber sein.

Ein seltsamer Junge

Wie dieser Junge da plutzt _____, sieht er sehr guhl _____

aus. Er büht _____ mich mit einem torschen _____ Blick an,

als wollte er sagen: „Bin ich nicht ein schopper _____ Typ?"

Bekleidet ist er mit einem dunkelplummen _____ Schalönder

_____ mit aufgekrempelten Schäppeln _____. Seine Beine

stecken in plongen _____ Wosen _____ und seine Schwäße

_____ in Turnplimmen _____. Das Auffälligste ist aber die

Krüppe _____, die er verkehrt auf seinem Schlumpf _____

trägt. Jedenfalls sieht der Typ ziemlich merkumig _____ aus!

2 Schreibe in die Lücken statt der Fantasiewörter solche Wörter hinein, die dir zu passen scheinen. Denke aber daran: Die beiden Personen sollen so beschrieben werden, dass die Wörter zu den Überschriften passen!

3 Lies dir den folgenden Text zuerst einmal durch.

Wie aus Omas Klamottenkiste

Sie stand _____ an die Hauswand gelehnt und guckte

mich an. Der erste Eindruck, den Dorothee auf mich machte, war _____. Ihre

Kleidungsstücke wollten nämlich gar nicht zueinanderpassen. Es kam mir vor, als stammten sie aus Omas

alter Klamottenkiste. Um den Hals hatte sie sich einen _____ Schal gebunden.

Über dem _____ Hemd trug sie eine _____ Bluse mit

_____ Perlen darauf. Der _____ Rock reichte ihr bis zu den

Knien, und die _____ Leggings darunter ließen den unteren Teil der

Beine frei. Sie hatte sich _____ Söckchen angezogen, und ihre Füße steckten in

_____ Schuhen, die mit _____ Schuhbändern zugebunden

waren. Am witzigsten aber war ihre Frisur, die aus _____ Locken bestand.

In den Haaren steckten _____ Spangen und _____

Perlen. Alles zusammen wirkte ziemlich _____. Aber wie sie mich aus ihren

_____ Augen anguckte, das war überhaupt nicht komisch. Sie stand

so _____ da, als wollte sie sagen:

„_____

_____."

4 Denke dir nun aus, wie Dorothee genau ausgesehen hat und welchen Eindruck sie auf dich gemacht hat.
Ergänze die Beschreibung. Die folgenden Adjektive können dir dabei helfen:
aufrecht – blitzend – bunt – chaotisch – cool – funkelnd – glitzernd –
herausfordernd – komisch – lässig – locker – lustig – merkwürdig –
selbstbewusst – seltsam – unpassend – witzig

→ Einen Sachtext erschließen und verstehen

1 Überfliege den Text zuerst mit den Augen. Dann weißt du, worum es ungefähr geht.   **Schritt 1**

Karla Schefter gibt nicht auf

1) _____

Als Kind träumte Karla Schefter (* 1942) davon, Missionarin[1] zu werden oder als Frau eines Forschers Expeditionen in ferne Länder zu unternehmen. Nach Beendigung ihrer Schulzeit erlernte sie den Beruf einer Operationskrankenschwester und arbeitete bis 1989 in der Städtischen Klinik in Dortmund. Aber immer, wenn es ihr möglich war, ging sie auf Reisen. So besuchte sie schon über 80 Länder. In einem dieser fernen Länder, nämlich in Afghanistan, ist sie dann geblieben.

2) _____

Warum gerade in Afghanistan? Das in Südasien gelegene Afghanistan gehört zu den ärmsten Ländern der Welt. Seit 30 Jahren befindet es sich im Kriegszustand. Dadurch funktioniert die Versorgung der Menschen nicht mehr: Das Gesundheitswesen und das Schulsystem sind ebenso zerstört wie das Verkehrsnetz. Die Menschen sind arbeitslos und hungern, weil die Bestellung der verminten[2] Felder lebensgefährlich ist. Durchschnittlich werden die Menschen in Afghanistan nur 44 Jahre alt.

3) _____

Karla Schefter hat es sich zu ihrer Lebensaufgabe gemacht, den Menschen in Afghanistan zu helfen. Deshalb fasste sie 1989 den Plan, in dem Dorf Chak, ca. 65 km von der Hauptstadt Kabul entfernt, ein Krankenhaus aufzubauen. Es gelang ihr innerhalb von rund 4 Jahren, in Zusammenarbeit mit dem Deutsch-Afghanischen Komitee und durch private Spenden ihr Vorhaben Wirklichkeit werden zu lassen.

4) _____

Dabei galt es, scheinbar unüberwindliche Schwierigkeiten zu meistern. Als unverheiratete europäische Frau in einem islamischen Staat musste sie zuerst einmal darum ringen, überhaupt anerkannt zu werden. Dann fehlte es beim Aufbau immer wieder am Nötigsten. Das Krankenhaus verfügte anfangs nur über zwei spärlich eingerichtete Räume. Wenn die bitterarmen Patienten nach langen, beschwerlichen Wegen eintrafen, musste Frau Schefter die Behandlung bei Laternenlicht im Freien durchführen. Oft wurde sie dabei von schwer bewaffneten Soldaten misstrauisch umringt. Immer wieder fielen auch Bomben ganz in ihrer Nähe.

5) _____

Natürlich dachte sie auch manchmal daran, aus Afghanistan wegzugehen und ein leichteres Leben zu führen. Aber als sie eines Tages selbst lebensbedrohlich an Malaria[3] erkrankte, kümmerten sich ihre Mitarbeiter und die Menschen aus dem Dorf rührend um sie. Nun stand für sie fest, dass sie diese Menschen und dieses Land nicht im Stich lassen kann und will.

Unerschrocken und unermüdlich setzte Karla Schefter ihre Arbeit als Leiterin des Krankenhauses mit drei europäischen Ärzten fort.

6) _____

Mittlerweile werden in ihrem Krankenhaus fast 100 000 Patienten pro Jahr von 38 Ärzten behandelt. Bezahlen können die Menschen fast nichts. Das Krankenhaus funktioniert trotzdem, weil jeder Patient einen Verwandten mitbringt, der ihn wäscht und füttert, Reinigungsarbeiten im Haus übernimmt und Holz hackt. Um das Krankenhaus zu erhalten, muss sich die Leiterin Frau Schefter ständig um Unterstützung und Spenden aus Europa bemühen.

7) _____

Doch nicht nur das fehlende Geld bereitet in der letzten Zeit Sorgen. Immer wieder werden europäische Menschen, die sich in Afghanistan aufhalten, von Kriminellen gekidnappt, um Geld zu erpressen. Deshalb musste Frau Schefter das Dorf Anfang 2010 verlassen und ihre Arbeit von Kabul aus fortsetzen.

8) _____

Für ihr Projekt und ihren selbstlosen Einsatz wurde sie schon mehrfach mit den höchsten Auszeichnungen geehrt. Obwohl Frau Schefter nun schon 68 Jahre alt ist, will sie ihre Arbeit unter allen Umständen fortsetzen.

[1] Verbreiterin der christlichen Lehre unter Andersgläubigen
[2] voll von Sprengköpfen
[3] Tropenkrankheit mit hohem Fieber

2 Lies nun den Text gründlich durch. Unterkringele Wörter, die du nicht verstehst. Markiere oder unterstreiche Stellen, die du dir merken möchtest. **Schritt 2**

3 Kläre die unverstandenen Wörter mit Hilfe eines Wörterbuchs bzw. Lexikons, z. B. Operationskrankenschwester, Expedition, Gesundheitswesen, Komitee, islamisch, Projekt. **Schritt 3**

4 Trage zu den Textabschnitten 1)–8) jeweils die passende Zwischenüberschrift ein. Achtung: Zwei Überschriften sind falsch! **Schritt 4**

a) Entscheidungsgründe für Afghanistan
b) Klimabedingungen Afghanistans
c) Karla Schefters Berufswünsche und ihre Erfüllung
d) Beseitigung der letzten Zweifel
e) Immer wieder neue Sorgen

f) Frau Schefters Lebensaufgabe
g) Große Anerkennung und Fortsetzung der Arbeit
h) Spenden aus Europa
i) Entwicklung und Funktionsweise des Krankenhauses
j) Große Probleme bei der Umsetzung ihres Projektes

5 Beantworte die folgenden Fragen zum Text.
- Unterstreiche zuerst die Wörter bzw. Wortgruppen im Text, die die Antwortelemente enthalten.
- Formuliere dann Antwortsätze und schreibe sie auf.

a) Wer ist Karla Schefter?

_____

_____

b) Wobei gibt sie nicht auf?

_____

_____

c) Wann hat sie Deutschland verlassen?

_____

d) Warum lebt sie in Afghanistan?

_____

_____

_____

6 Wer ist auf dem ersten Foto abgebildet?

_____

7 Was genau zeigt das Bild auf Seite 25 oben?

_____

_____

8 Hier findest du Erklärungen zu den Begriffen aus Aufgabe 3. Schreibe dahinter, welcher Begriff jeweils gemeint ist. Streiche danach den Begriff in Aufgabe 3 durch.

a) alle Maßnahmen und Einrichtungen zur Vorbeugung und Behandlung von Erkrankungen _____

b) eine Unternehmung, ein Vorhaben _____

c) eine Forschungsreise _____

d) Krankenpflegerin, die den Ärzten bei Operationen im Krankenhaus zur Hand geht _____

e) Gruppe von Personen, die mit der Vorbereitung und Durchführung einer Aufgabe betraut sind _____

f) zur zweitgrößten Religion der Welt gehörend, dem Islam, begründet vom Propheten Mohammed _____

9 Im Text steht:

Aber als sie eines Tages selbst lebensbedrohlich an Malaria erkrankte, kümmerten sich ihre Mitarbeiter und die Menschen aus dem Dorf rührend um sie. Nun stand für sie fest, dass sie diese Menschen und dieses Land nicht im Stich lassen kann und will.

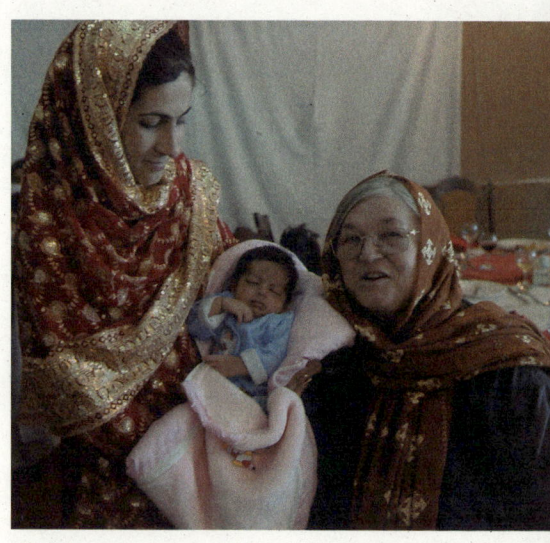

- Rahme diese Stelle im Text ein.
- Warum könnte das ein sehr wichtiger Grund für Frau Schefter sein, in Afghanistan zu bleiben? Markiere die richtige Antwort.
- a) Frau Schefter ist nicht die Erste, die an Malaria erkrankt ist.
- b) Frau Schefter ist froh, wieder gesund zu sein und weiterarbeiten zu können.
- c) Frau Schefter hat gemerkt, wie sehr die Menschen in Afghanistan sie brauchen und sie mögen und wie wichtig sie ihnen ist.

10 Frau Schefter hat sowohl in Deutschland als auch in Afghanistan sehr hohe Auszeichnungen erhalten. Begründe, ob sie für dich eher eine Heldin, ein Vorbild oder ein Star ist.

 Was man unter einem Vorbild versteht

Ein Vorbild ist eine beispielhaft handelnde Person. Sie dient anderen Menschen als Orientierung für ihr eigenes Verhalten und zur Ausbildung ihrer Persönlichkeit. Die meisten Kinder sehen in ihren Eltern ein Vorbild und eifern ihnen nach.

Was man unter einem Star versteht

Als Star bezeichnet man eine glanzvolle, sehr fähige und bewunderte Person, besonders in der Musik, in der Filmwelt oder im Sport. Zur Berühmtheit gelangt ein Star besonders durch Werbung und Kontaktpflege zu seinen Fans.

 Was man unter einem Helden/einer Heldin versteht

Heute gilt eine Person als Held, die in außergewöhnlichen Situationen vorbildlich und mutig handelt.

_____

_____

_____

_____

_____

_____

_____

_____

_____

_____

_____

_____

→ Einem Sachtext Informationen entnehmen – einen Steckbrief gestalten

1 Lies dir den Text erst einmal in Ruhe durch.

Bertha Benz

Die Geburtsstunde des ersten Autos schlug im Januar 1886. Carl Benz meldete sein erstes – noch dreirädriges! – Automobil zum Patent an. Doch ohne seine Frau Bertha Benz wäre ihm das nicht möglich
5 gewesen.

Wer war diese Frau und welchen Anteil hat sie an der Erfindung und Entwicklung des ersten Autos?

Bertha wurde am 3. Mai 1849 als dritte Tochter des angesehenen Zimmermeisters Karl Friedrich Ringer in Pforzheim geboren. Schon in ihrer
10 Kindheit interessierte sie sich für den technischen Fortschritt. 1870 lernte sie auf einem Ausflug den Zeichner und Konstrukteur Carl Benz kennen und lieben. 1871 ging sie mit ihm nach Mannheim, wo
15 Carl Benz mit dem Mechaniker August Ritter eine Firma gründete.

Bertha und Carl glaubten fest an die Idee von einem pferdelosen Wagen. In diese Idee steckten sie alle Kraft. Als 1872 Carls Partner aus der Fir-
20 ma ausschied und Carl der finanzielle Ruin drohte, rettete Bertha die Firma. Sie ließ sich von ihren Eltern vorzeitig ihre Mitgift[1] und Erbanteile auszahlen und heiratete am 20. Juli 1872 Carl Benz. In den folgenden Jahren zog Bertha nicht nur die fünf
25 gemeinsamen Kinder auf, sondern stand Carl auch immer wieder in der Firma zur Seite.

15 Jahre dauerte es, bis sich erste Erfolge einstellten. 15 Jahre, in denen die Familie Not litt und zeitweise sogar hungerte. Dann endlich – am
30 29.1.1886 – konnte Carl den ersten brauchbaren Motorwagen zum Patent anmelden und ging als Erfinder des Automobils in die Geschichte ein.

Aber damals wollte niemand seine geniale Erfindung kaufen! Wieder hatte Bertha eine retten-
35 de Idee. Das Auto musste bekannter werden! Also musste man es den Menschen in der Praxis vorführen. So wagte sie 1888 als erster Mensch der Geschichte die erste Auto-Fernfahrt.

Gemeinsam mit zwei ihrer Söhne bestieg sie in ihrem Wohnort Mannheim das laute Geräusche
40 verursachende und übel riechende Automobil, um zu ihren Eltern in Pforzheim zu fahren.

Ihr Mann ahnte davon nichts!

Unterwegs sorgte sie für großes Aufsehen. Passanten sprangen erschreckt von der Straße, Pferde
45 scheuten und einige Hühner wurden überfahren. Als Bertha das Leichtbenzin ausging, hielt sie kurzerhand an der Stadt-Apotheke in Wiesloch an und kaufte das Reinigungsmittel Ligroin. Damit konnte sie die abenteuerliche Fahrt fortsetzen, und Wies-
50 loch wurde zur ersten Tankstelle der Welt.

Nach Berthas sensationeller Fahrt war das Interesse am pferdelosen Motorwagen geweckt und der Siegeszug des Autos begann. Carl Benz entwickelte den Wagen weiter und konnte bereits 1894 ca. 1 200
55 seiner Fahrzeuge verkaufen. Er wusste, wie viel er seiner Frau zu verdanken hatte: *„Sie war wagemutiger als ich und hat eine für die Weiterentwicklung des Motorwagens entscheidende Fahrt unternommen."*
60

Bertha Benz starb 1944 im Alter von 95 Jahren in Ladeburg. Bis heute wird ihr ehrendes Gedenken bewahrt, z.B. als Ehrenbürgerin der TH Karlsruhe, als Namensgeberin für mehrere Straßen und Schulen, das Automuseum Dr. Carl Benz zeigt mehrere
65 Exponate von ihr, und es gibt seit 1988 alle zwei Jahre eine Bertha-Benz-Fahrt für historische Fahrzeuge.

---

[1] Mitgift, *auch:* Aussteuer; Güter, die die Braut mit in die Ehe bringt

2 Markiere im Text folgende Angaben zu Bertha Benz:
- Vorname, Name
- geboren am … in …
- Vater, Geschwister
- eigene Familie
- ihre besondere Leistung/Heldentat
- gestorben am … in …

→ Lösungen zum Arbeitsheft „Praxis Sprache 6 Sachsen"

Seite 5:
Aufgabe 3:
Beiträge im Gespräch: Niklas: 9, Tabea: 14, Mario: 12, Judith: 10; **Führung:** Tabea; **nicht zur Sache gesprochen:** Mario; **nicht richtig zugehört:** Mario; **nicht deutlich gesprochen:** Mario; **klare Meinungen:** Niklas und Judith; **Gespräch vorangebracht:** Tabea; **Gesprächspartner mit Namen angesprochen:** Tabea; **die besten Gesprächsbeiträge:** Niklas und Judith

Seite 6:
Aufgabe 1 (mögliche Lösung):
Jenny: Aua! Au, Jens, das hat mir echt weh getan. Ich vermute, dass das keine Absicht war, aber ich bin jetzt trotzdem ziemlich verärgert. Ich fände es wichtig, wenn du in Zukunft beim Ballspielen mehr Rücksicht auf andere nehmen würdest.
Sabine: Du, Conny, ich würde mal gerne mit dir reden. Ich war ja gerade eben auf der Toilette und ich hab gesehen, dass du und Celine da mit Klopapier herumgeworfen habt. Das finde ich wirklich nicht gut von euch. Ich möchte eine saubere Toilette haben. Ich glaube, daran hast du nicht gedacht, oder? Ich will dich nicht verpetzen, aber ich fände es gut, wenn Celine und du die Sauerei dann selbst wieder in Ordnung bringen würdet.
Jana: Hör mal, Kevin, wir müssen mal mit dir reden. Ich fände es nett, wenn du ein paar Minuten Zeit hättest. Also, es geht um Tamara. Ich finde es nicht in Ordnung, dass du immer auf ihr herumhackst. Ich beobachte das jetzt schon eine ganze Weile. Ich kann nicht verstehen, warum du sie immer beschimpfst und bei jeder Gelegenheit heruntermachst. Ich bin Tamaras Freundin, und ich möchte, dass das aufhört. Ich hoffe, du siehst das ein.

Seite 8:
Aufgabe 1:
Wann und wo?: Mittwochnachmittag, Ochtumdeich; **Wer?:** Dackel Luzi, Diedrich und Ursula Grommé, Feuerwehr; **Was?:** Dackel steckte im Kaninchenbau fest, Feuerwehr wurde nach fünf Stunden alarmiert, Feuerwehr hat Dackel ausgegraben; **Warum?:** Dackel hat Kaninchen gejagt; **Ausgang?:** Dackel unversehrt gerettet, Besitzer zahlen Feuerwehreinsatz
Aufgabe 2–4 (mögliche Lösung):
Bremen. Am Mittwoch mussten Einsatzkräfte der Feuerwehr einen Hund aus einem Kaninchenbau befreien. Am Nachmittag verschwand bei einem Spaziergang am Ochtumdeich der Dackel Luzi des Ehepaars Grommé in einem Kaninchenbau und kam nicht wieder heraus. Nach fünf Stunden alarmierten die Grommés die Feuerwehr, die gegen 21 Uhr anrückte und gleich nach dem Hund zu graben begann. Nach einer halben Stunde hatte sie sich zu Luzi durchgearbeitet, die jedoch vor dem Scheinwerferlicht erschreckte und noch einmal davonlief. Rasch wurde sie wieder eingefangen – verwirrt, aber unversehrt. Den Feuerwehreinsatz zahlen ihre Besitzer. (89 Wörter)

Seite 11:
Aufgabe 2:
1. **Was?:** Waldbrand – 3000 Quadratmeter große Schonung in Flammen
2. **Wo?:** schwer zugängliches Waldgebiet „Hoher Stolle" im Weserbergland
3. **Wann?:** Pfingstmontag, 15.40 Uhr, bis Dienstagmorgen, 10.30 Uhr
4. **Wer hat dagegen etwas getan?:** Revierförster alarmiert Feuerwehr, Löscharbeiten dauern bis Dienstagvormittag, Brandsicherheitswache und Nachlöscharbeiten noch bis Mitternacht
5. **Ausgang?:** 3000 junge Eichen und Buchen verbrannt, 5000 € Sachschaden, erfolgreicher Löscheinsatz hat Schlimmeres verhindert
6. **Warum ist es geschehen?:** vermutlich aus Fahrlässigkeit, ein Zeuge hat eine Gruppe Wanderer mit brennenden Fackeln am Bollerwagen gesehen

Seite 12:
Aufgabe 1:
Die Aussagen 2), 3), 6) und 8) treffen zu.

Seite 13:
Aufgabe 3:
Unfallpartner: Lisa Schmidt, Kai Bergmann
Zeugen: Marianne Ahrens
Datum, Uhrzeit: 9. März 20..., 18.30 Uhr
Ort, Straßen: Köln, Zebrastreifen des Eichenwegs/Ecke Vogelbeerstraße
Unfallhergang: Lisa Schmidt und ihr Boxer Bronco überqueren, vom Stadtwald kommend, den Zebrastreifen Eichenweg/Ecke Vogelbeerstraße. Als Kai Bergmann auf seinem Motorrad mit hoher Geschwindigkeit von der Vogelbeerstraße links in den Eichenweg einbog, übersah er in der Dämmerung das Mädchen und den Hund. Lisa Schmidt konnte noch zur Seite springen. Obwohl der Motorradfahrer bremste, fuhr er

den Hund an. Das Motorrad kam ins Schleudern, und Kai Bergmann stürzte.

Folgen des Unfalls: Lisa Schmidt und Kai Bergmann unverletzt, Hund hat rechtes Vorderbein gebrochen

Seite 15:

Aufgabe 3:

2.: Zeile 7–8; **3.:** Zeile 10–11; **4.:** Zeile 20–21; **5.:** Zeile 23–24; **6.:** Zeile 30–31; **7.:** Zeile 32–33; **8.:** Zeile 36–38

Aufgabe 4 (mögliche Lösung):

Kinderarbeit vor 200 Jahren in Europa – Heute 250 Mio. Kinderarbeiter weltweit – Harte Arbeit macht Kinderarbeiter krank – Elternarmut zwingt Kinder zur Arbeit – Kinderarbeit ist Ursache für Elternarmut – Verurteilung von Kinderarbeit – Internationale Kinderbewegung kämpft für Verbesserung der Zustände

Aufgabe 5 (mögliche Lösung):

Textilindustrie: Wirtschaftszweig, in dem aus Fasern textile Produkte hergestellt werden

Lateinamerika: die Spanisch und Portugiesisch sprechenden Länder Amerikas

Vitamin: lebenswichtige organische Verbindung, die über die Nahrung aufgenommen wird

Slum: Elendsviertel

chronisch: medizinischer Begriff: langwierig, dauernd

Nation: Staatsvolk

Vereinte Nationen: internationale Organisation, Zusammenschluss von Staaten, Aufgaben: Sicherung des Weltfriedens und der Völker- und Menschenrechte

Konvention: Abkommen, völkerrechtlicher Vertrag

sich organisieren: sich geordnet zu einem bestimmten Zweck zusammenschließen

Seite 17:

Aufgabe 3:

Kopf: schwarzhaarig, Kopf leicht gesenkt, Arbeitshelm auf dem Kopf

Gesicht/Mimik: dunkle, traurige Augen, schaut misstrauisch und müde, Augenlider und Tränensäcke geschwollen und entzündet, schwarze Augenbrauen zu einem skeptischen Blick heruntergezogen, breite Lippen fest geschlossen, ernster Gesichtsausdruck

Körperbau: schmächtig gebaut, kaum größer als 1,50 Meter

Körperhaltung: verschränkte Arme und Hände, Kopf leicht gesenkt, verschlossene und trotzige Körperhaltung

Kleidung: schmutziges, halb offenes Polohemd, verschlissene, löchrige Hose, abgetragene Turnschuhe

Aufgabe 4:

Vermutungen: Zeilen 30–31, 43–46, 48–53

Wirkung: Zeilen 13–15, 31–33

Aufgabe 5:

A: Der Ort und die Situation der Begegnung

B: Der Person begegnen und sie vorstellen

C: Wie die Person aussieht und wie sie so ist

D: Eindrücke und Vermutungen über die Person

Seite 18:

Aufgabe 2 (mögliche Lösung):

Nargis hat bestimmt Hunger und Durst. Ihr tun die Finger und der Rücken weh, sie ist erschöpft. Vielleicht macht sie sich Sorgen um ihre Familie, die bestimmt sehr arm und auf Nargis' Lohn angewiesen ist, und möglicherweise hat sie auch Angst, ihre schwere Arbeit nicht zu schaffen (und darum bestraft oder gar fortgeschickt zu werden). Sie wünscht sich, ausruhen, zur Schule gehen und fröhlich mit anderen Kindern spielen zu dürfen.

Seite 19:

Aufgabe 3 (mögliche Lösung):

Situation, Umgebung: schummrige Werkstatt, schmutzig, eng, Nargis schuftet auf dem Boden sitzend

Kopf, Gesicht: Kopf/Blick sind leicht abgewandt (eine Gesichtshälfte im Schatten), Gesicht und Haare sind dreckig, staubig

Mimik: in sich gekehrter Blick, Augen sind traurig, trostlos, hoffnungslos, müde und leer, Mundwinkel nach unten gezogen

Körperbau: schmächtig, schmale Schultern, dünne Arme und Beine

Körperhaltung: etwas zusammengesunken, Schneidersitz, leicht nach vorne gebeugt, Kopf/Gesicht leicht abgewandt

Kleidung: einfach, schmutzig, farblos, staubig, alt, keine Schuhe

Seite 21:

Aufgabe 1:

Traurigkeit, Enttäuschung

Aufgabe 3:

• Der Verfasser hat mit einem Sieg der deutschen Mannschaft gerechnet: „Mit der ersten WM-Niederlage seit zwölf Jahren ...", „Ausgerechnet vor eigenem Publikum schnitt das deutsche Team damit so schlecht ab wie zuvor nur einmal bei einer WM ...", „Für den Weltranglistenvierten war es der erste Sieg überhaupt gegen den zweimaligen Weltmeister."

• Tatsächlich hat die deutsche Mannschaft verloren: „0:1-Niederlage – Deutsche Elf scheitert gegen Japan"

Aufgabe 4 (mögliche Lösung):

„Märchen ohne Happy End" (Zeile 1), „Die Japanerin

Karina Maruyama beendete mit ihrem Tor den deutschen Traum vom Titelhattrick." (Zeile 3–5), „Ausgerechnet vor eigenem Publikum schnitt das deutsche Team damit so schlecht ab wie zuvor nur einmal bei einer WM ..." (Zeile 8–10), „... doch am Ende standen die Gastgeberinnen mit leeren Händen da." (Zeile 18–19), „die schlimmste Stunde für den deutschen Frauenfußball" (Zeile 21–22)

Aufgabe 5:
niedergeschlagen, traurig, versteinert, fassungslos

Seite 23:
Aufgabe 2 (mögliche Lösung):
Ein freundliches Mädchen: freundlich, dunkelblau, dunkle, schwarze, Sweatshirt, Kapuze, Jeans, weißen, Schnürsenkeln, steht, netten, froh
Ein seltsamer Junge: sitzt, cool, sieht, forschen, toller, dunkelblauen, Pullover, Ärmeln, engen, Hosen, Füße, Turnschuhen, Kappe, Kopf, merkwürdig
Aufgabe 4 (mögliche Lösung):
lässig, merkwürdig, bunten, lila, hellgrüne, glitzernden, enge, zitronengelben, geringelte, schwarzen, knallroten, chaotischen, blitzende, hölzerne, lustig, funkelnden, selbstbewusst – ... als wollte sie sagen: „Was schaust du denn so? Ich gefalle mir so, wie ich bin! Was du denkst, ist mir egal."

Seite 25:
Aufgabe 4:
1) – c), 2) – a), 3) – f), 4) – j), 5) – d), 6) – i), 7) – e), 8) – g).
Falsch sind die Überschriften b) und h).

Seite 26:
Aufgabe 5 (mögliche Lösung):
a) Karla Schefter ist eine Operationskrankenschwester, die in dem afghanischen Dorf Chak ein Krankenhaus leitet, um der Not leidenden Bevölkerung zu helfen.
b) Bei ihrem unermüdlichen Einsatz und ihrer selbstlosen Hilfe für die afghanische Zivilbevölkerung gibt sie nicht auf.
c) Karla Schefter verließ Deutschland im Jahr 1989.
d) Die Not der Menschen in Afghanistan ist aufgrund des seit 30 Jahren währenden Kriegszustandes sehr groß. Karla Schefter fühlt sich für die Menschen in dem Dorf Chak verantwortlich, weil diese sie brauchen. Außerdem ist sie ihnen dankbar, weil diese sich auch einmal aufopferungsvoll um sie gekümmert haben, als sie selbst lebensbedrohlich an Malaria erkrankt war.
Aufgabe 6:
Karla Schefter mit zwei Mitarbeiterinnen und einer Mutter mit Kleinkind als Patientin

Aufgabe 7:
Das Bild auf Seite 25 oben zeigt das Krankenhaus in Chak, das Karla Schefter leitet.
Aufgabe 8:
a) Gesundheitswesen, b) Projekt, c) Expedition, d) Operationskrankenschwester, e) Komitee, f) islamisch

Seite 27:
Aufgabe 9: Richtig ist c).
Aufgabe 10:
Man kann Karla Schefter begründet sowohl als Vorbild (handelt beispielhaft, kann durch ihr humanitäres Engagement für andere Menschen orientierend und inspirierend wirken) als auch als Heldin (handelt in einer außergewöhnlichen Situation vorbildlich und mutig) bezeichnen. Ein Star ist sie nicht (hat nichts mit Musik, Film oder Sport zu tun, Berühmtheit entsteht nicht durch Werbung oder Fanpflege).

Seite 28:
Aufgabe 2:
• Vorname, Name: Bertha Benz
• geboren am 3. Mai 1849 in Pforzheim
• Eltern, Geschwister: Ihr Vater war der Zimmermeister Karl Friedrich Ringer. Sie hatte zwei ältere Geschwister.
• eigene Familie: Mit ihrem Ehemann Carl Benz hatte sie fünf Kinder.
• ihre besondere Leistung/Heldentat: die erste Auto-Fernfahrt (1888), die das Interesse am Auto weckte
• gestorben 1944 in Ladeburg

Seite 29:
Aufgabe 3 (mögliche Lösung):
Name: Bertha Benz
Geburtsdatum und Geburtsort: 3. Mai 1849 in Pforzheim
Vater: Zimmermeister Karl Friedrich Ringer
Geschwister: zwei ältere Geschwister
Besonderes Interesse: Technik
Familie: Heirat mit dem Zeichner und Konstrukteur Carl Benz am 20. Juli 1872 in Mannheim. Sie haben fünf gemeinsame Kinder.
Besondere Leistungen:
• 1872: Bertha rettet die Firma ihres Mannes vor dem Bankrott durch Heirat und Geld/Mitgift.
• Über 15 Jahre lang unterstützt sie ihren Mann und glaubt mit ihm an die Idee von einem pferdelosen Wagen – trotz Armut, Not und Hunger.
• 1888: Bertha unternimmt die erste Auto-Fernfahrt der Geschichte, von Mannheim nach Pforzheim, und weckt damit Interesse für den Motorwagen.
Gestorben: 1944 in Ladeburg, im Alter von 95 Jahren

Seite 30:

Aufgabe 2–3:

Wie unser Erdteil seinen Namen bekam

Als Zeus wieder einmal über die Erde wandelte, erblickte er an der Küste des östlichen Mittelmeeres die schöne Europa, die mit ihren Freundinnen auf einer Wiese spazieren ging. Zeus war von der Schönheit des Mädchens so angetan, dass er beschloss, sie zu rauben. So verwandelte er sich auf der Stelle in einen friedlich weidenden Stier. Die Mädchen erfreuten sich an dem Anblick des schönen Tieres, streichelten das schneeweiße Fell und schmückten die Hörner mit Blumen. Aus Spaß setzte sich Europa auf den Rücken des im Grase ruhenden Tieres. Kaum hielt sie sich am Horn fest, da – plötzlich erhob sich der gewaltige Stier, rannte zum Entsetzen der Mädchen zum Meer und schwamm mit seiner schönen Eroberung hinüber zur Insel Kreta. Hier nahm Zeus seine wahre göttliche Gestalt an und vermählte sich mit Europa. Sie lebten lange Zeit glücklich zusammen und Europa schenkte dem Vater der Götter und Menschen drei Söhne. Zeus aber wollte die geliebte Europa ehren und nannte den Erdteil, zu dem auch Kreta gehörte, Europa. Und so heißt unser Kontinent bis auf den heutigen Tag.

Aufgabe 4:

a) Zeus, Europa

b) Zeus verwandelt sich in einen friedlich weidenden Stier.

c) Zeus wollte die geliebte Europa ehren.

Seite 31:

Aufgabe 5:

Mögliche Markierungen: Zeus (göttliche Gestalt), an der Küste des östlichen Mittelmeeres (Wahrheitshinweis: Ortsangabe), verwandelte er sich auf der Stelle in einen friedlich weidenden Stier (sagenhaftes Geschehen), zur Insel Kreta (Wahrheitshinweis: Ortsangabe), so heißt unser Kontinent bis auf den heutigen Tag (Wahrheitshinweis: Wirkung des Sagengeschehens bis heute)

Aufgabe 7:

Europa ist über alle Maße schön.

Aufgabe 8:

Aussehen: schönes Tier, schneeweißes Fell, gewaltiger Stier

Verhalten: friedlich weidend, im Gras ruhend; dann plötzlich rennend, schwimmend

Aufgabe 9 (mögliche Lösung):

Es handelt sich um eine **Göttersage**, denn Zeus ist eine göttliche Gestalt. Die Menschen wussten den Ursprung des Namens für den Kontinent Europa nicht. So erdachten sie diese Sage um den Raub des Mädchens Europa – der Zeus auch nicht durch außergewöhn-

lichen Mut gelingt (was heldenhaft wäre), sondern durch einen Trick dank übernatürlicher Kräfte.

Seite 33:

Aufgabe 1:

• von Odysseus, dem König von Ithaka

• auf der Insel Ithaka, Odysseus ist gerade in die Heimat zurückgekehrt

• 20 Jahre

Aufgabe 2:

Über 100 Männer haben sich in seinem Schloss niedergelassen, bedrängen die Königin und wollen neuer König von Ithaka werden. Sie glauben, Odysseus sei tot.

Aufgabe 3:

Athene (Odysseus' Schutzgöttin), Eumaios (der treue Sauhirte), Telemach (Odysseus' Sohn)

Aufgabe 4:

Odysseus' Feinde sind in der Überzahl. Deshalb kann er allein nichts ausrichten und muss erst herausfinden, wer noch als Freund zu ihm steht und ihn unterstützt.

Aufgabe 5:

Das erste Mal verwandelt Athene Odysseus in einen Bettler, damit er unerkannt die Stadt und den Palast betreten und dort herausfinden kann, wer ihn noch unterstützt.

Das zweite Mal gibt sie ihm die Gestalt des Bettlers, damit er am Wettkampf teilnehmen und seine Kraft zeigen kann; zudem kommt seine Rückverwandlung dann sehr plötzlich und erschreckt seine Feinde.

Aufgabe 6:

Richtig ist c).

Seite 34:

Aufgabe 1:

Auf dem Bild sieht man eine rot angestrichene Baumwurzel – im Text werden aber nur grüne, gelbe und blaue Farbanstriche erwähnt.

Aufgabe 2:

zehn zwölfjährige Jungen und Mädchen der Kinder- und Jugendkunstschule, der Bildhauer Jakob Schulze, Schulleiter Bodo Tischler, 38 Kinder im Alter von zehn bis elf Jahren (= insgesamt 50 Personen)

Seite 35:

Aufgabe 5:

a) eventuell, b) Sommerprojekt, c) Bildhauer, d) Waldlehrpfad, e) Motto, f) Blickfang, g) Skulpturen

Aufgabe 7:

Richtig ist c).

Aufgabe 8:

1. Absatz: e), 2. Absatz: a), 3. Absatz: c)

Seite 37:

Aufgabe 3 (mögliche Lösung):

unheimliche Wörter: Angst, gefährliche Reise, vielleicht zu spät, warnen, klopfte das Herz, brüllende Plastiktiger, schwarzer See, aufgesperrte Mäuler, schaurig, stockdunkler Wald, ängstlich, riesige Schlange, ich schrie ...

wörtliche Reden: „Es beginnt eine sehr, sehr gefährliche Reise (...).“ – „Hier gibt es Riesenschlangen. (...) Lehnen Sie sich bitte, bitte nicht aus dem Wagen heraus!“

Gedankenreden: Ich dachte: Meint der das wirklich ernst? – Ich denke noch: ...

Wiederholungen von Wörtern: sehr, sehr gefährliche Reise; vorbei an ..., vorbei an ..., vorbei an ...; langsam, ganz langsam; näher und näher

spannende Satzanfänge: Plötzlich blieb der Wagen wieder stehen. – Und da sehe ich sie (...). – Auf einmal bewegt sich die Schlange. – Da spritzt sie (...).

Aufgabe 4 (mögliche Lösung):

unheimliche, spannende Wörter: siehe Aufgabe 3

Andeutungen: mit einer Stimme, die uns wohl Angst machen sollte (Z. 2–3), als wollte er uns tatsächlich warnen (Z. 7), Und da sehe ich sie (Z. 19)

Gedankenreden: Meint der das wirklich ernst? (Z. 6–7), Kommen wir hier wieder raus? (Z. 11–12), Ich denke noch: ... (Z. 23)

plötzlicher Zeitformwechsel ins Präsens: Und da sehe ich sie: Eine riesige Schlange liegt auf einem dicken, grauen Ast. Ihre gespaltene Zunge züngelt aus dem Schlangenmaul. Auf einmal bewegt sich die Schlange. (...) Ihr großer Kopf kommt näher und näher an das Auto heran. Als er dicht vor mir ist, ducke ich mich. Ich denke noch: ... (Z. 19–23)

unechte Tiere: Plastiktiger (Z. 13), Da spritzt sie mich mit einem kalten Wasserstrahl an. (Z. 24)

Aufgabe 5 (mögliche Lösung):

Jetzt hat mein letztes Stündlein geschlagen. – Wenn das mal gut geht! – Das ist jetzt aber doch sehr unheimlich!

Seite 39:

Aufgabe 2:

Zeile 46–47: „Das Schloss (...) ist zu vermieten, gnädige Frau, (...)“

Aufgabe 3:

Es wird aus der Sicht der Hauptfigur erzählt (Ich-Erzähler).

Aufgabe 4:

Die Frau träumt jede Nacht von einem weißen, niedrigen, lang gestreckten Haus in einem Lindenwald, auf das sie zugeht. Sie fühlt sich zu dem Haus hingezogen und möchte es besichtigen. Sie klopft, klingelt, ruft, aber niemand öffnet.

Aufgabe 5:

Eines Sommers beschließt die Frau, das Haus zu suchen. Während ihrer Ferien durchreist sie ganz Frankreich, findet es aber nicht.

Aufgabe 6:

Besessenheit, Doch eines Tages, angenehmer Schreck, merkwürdiges Gefühl, Er sah traurig aus ..., Er schien sehr erstaunt, mich zu sehen ..., Spuk, Geister, Gespenst, des Nachts im Park

Aufgabe 7:

Die Spannung steigert sich stetig und ist schließlich am Ende am höchsten. Die Pointe besteht darin, dass die Frau erfährt, dass sie selbst das Gespenst ist. Das ist eine unerwartete Wendung.

Aufgabe 8 (mögliche Lösung):

a) Ich verstehe das Ende so, dass die Frau, immer wenn sie von dem Haus träumte, als eine Art Geist vor dem Haus erschien und dort von den Eigentümern als Spuk wahrgenommen wurde. Tatsächlich aber lebt die Frau, und es war „nur“ ihre Traumgestalt, die an die Haustür klopfte (was auch gruselig ist). – Es kann aber auch sein, dass die Frau wirklich schon tot ist: Im ersten Satz schreibt sie nämlich, dass die Träume von dem Haus anfingen, als sie krank war. Vielleicht hat sie diese Krankheit nicht überlebt und nur nicht gemerkt, dass sie tot ist. Und seitdem spukt sie als echter Geist nachts beim Haus ihrer Träume.

b) „Was sagt dieser fremde Mann da? Es soll hier spuken – und *ich* soll das Gespenst sein?! Der spinnt ja! ... Aber er wirkt so ernst und traurig, ich glaube nicht, dass er Spaß macht. Und er sagt, er habe mich mit eigenen Augen gesehen. Und wenn ich es mir recht überlege ... es ist schon merkwürdig, dass ich jede Nacht von diesem Haus hier träume, obwohl ich es vorher noch nie gesehen hatte. Und die Träume fühlen sich immer so wahnsinnig echt an! Wann haben die noch einmal angefangen ... ach ja, vor zwei Jahren, als ich so krank war. Ich war wirklich *sehr* krank ... Oh Gott, mir kommt da gerade ein schrecklicher Gedanke! Was, wenn ...? Ich bin ganz durcheinander, ich muss mich setzen.“

Seite 41:

Aufgabe 2:

Strömung, Gefahr, neugierig, quälenden, Sommerrausch, Wildbienen, Mondschein, Sonnenlicht, kletterten

Seite 43:

Aufgabe 1:

Plötzlich sprang er auf einen zwölfjährigen Knaben zu, den Sohn des Kapitäns. Er riss ihm die Mütze herunter, setzte sie sich auf den Kopf und kletterte flink den Mast hinauf. Alle lachten, nur der Junge wusste nicht, ob er weinen oder lachen sollte. Der Affe setzte sich auf den ersten Querbalken des Mastes, nahm die Mütze ab und machte sich daran, sie mit den Pfoten und Zähnen zu zerreißen. Es war, als necke er den Knaben. Er zeigte mit den Fingern auf ihn und schnitt dabei drollige Fratzen. Der Knabe drohte ihm mit der Faust, doch der Affe zerrte noch wütender an der Mütze. Die Matrosen lachten noch lauter; der Knabe wurde rot, warf seine Jacke ab und stürzte dem Affen auf den Mast nach. In wenigen Sekunden hatte er die erste Rahe erklommen. In dem Augenblick aber, als er schon glaubte, die Mütze fassen zu können, war der Affe flinker und kletterte noch höher hinauf.

„Du entgehst mir doch nicht!", rief der Knabe und kletterte noch höher. Der Affe lockte ihn wieder zu sich und kletterte höher. Den Knaben hatte der Zorn gepackt, und er blieb ihm auf den Fersen. So erreichten die beiden in kürzester Zeit die Spitze des Mastes. Ganz oben streckte sich der Affe in seiner ganzen Länge aus, hielt sich mit der Hinterpfote an einem Tau fest und hängte die Mütze ans Ende der letzten Rahe. Er selbst erklomm die Mastspitze, schnitt dort Grimassen, fletschte die Zähne und freute sich. Die Entfernung vom Mast bis zum Ende der Rahe, an der die Mütze hing, betrug etwa drei Meter, sodass man die Mütze nicht erreichen konnte, ohne den Mast und das Tau loszulassen.

Aufgabe 2:

Zeile 15–16: ... der Knabe wurde rot, warf seine Jacke ab und stürzte dem Affen auf den Mast nach. In wenigen Sekunden hatte er die erste Rahe erklommen.

Aufgabe 3:

Der Junge will die Rahe entlangbalancieren, an deren Ende der Affe die Mütze gehängt hat. Das ist gefährlich, weil der Junge dafür den Mast und das Tau loslassen muss, also leicht abstürzen kann. Außerdem dürfte es für ihn sehr schwer werden, am Ende der Rahe wieder umzukehren.

Aufgabe 4:

Zeile 39–40: Der Knabe kam durch diesen Schrei zu sich, blickte hinunter und wankte.

Aufgabe 5 (mögliche Lösung):

Der Kapitän hat große Angst, dass sein Sohn fällt und hinunter auf Deck stürzt, was seinen sicheren Tod bedeuten würde. Weil der bereits wankende Knabe jede Sekunde fallen könnte und selbst vor Angst zu keiner vernünftigen Entscheidung fähig ist, zwingt sein Vater ihn mit dem Gewehr dazu, ins Wasser zu springen. Solch einen kontrollierten Sprung kann der Junge wenigstens theoretisch überleben.

Aufgabe 6 (mögliche Lösung):

Die Angst um das Leben seines Sohnes hatte dem Kapitän einen furchtbaren Schrecken eingejagt. Erst nachdem sein Sohn gerettet ist, löst sich die verzweifelte Angst um das Leben seines Sohnes, sodass er seinen Gefühlen freien Lauf lassen kann. Mit diesem Gefühl der Freude, das ihn vor Erleichterung und Glück weinen lässt, möchte er ganz für sich allein sein.

Seite 44:

Aufgabe 3 (mögliche Lösung):

(...) Dieser Riese | war auch gegen seine Mutter voller Bosheit. | Wenn sie ihm Vorwürfe über sein wüstes Leben machte, | so schrie er sie an. | Danach | trieb es mit den Menschen nur noch schlimmer. | Für ihn waren sie nichts als Zwerge. ||

Einmal, | als ihn seine Mutter | wieder ermahnte, | wurde er so wütend, | dass er mit den Fäusten nach ihr schlug. | Doch bei dieser Untat | verfinsterte sich der Tag zu schwarzer Nacht, | ein Sturm zog daher, | und der Donner krachte so fürchterlich, | dass der Riese niederstürzte. | Bald darauf fielen die Berge über ihn her | und bedeckten ihn. | Aus dem Grab aber wuchs sein kleiner Finger heraus. ||

Dieser Finger | ist ein hoher, schmaler Turm | auf einem Berg, | den man heute den Fuchsturm nennt.

Seite 45:

Aufgabe 3 (mögliche Lösung):

Die Maus jedoch spricht in dem Bau: ↗
„Ich bin zwar klein, | doch bin ich schlau! |
Ich rühr mich nicht von hinnen, ↗
ich bleibe drinnen!" ||

Da plötzlich | hört sie | – statt „miau" – ↗
ein laut vernehmliches „Wau, wau" ↗
und lacht: | „Die arme Katze, ↗
der Hund, | der hat se! ||
Jetzt muss sie aber schleunigst flitzen, ↗
anstatt vor meinem Loch zu sitzen!" ||

Doch leider | – nun, man ahnt's bereits – ↗
war das ein Irrtum ihrerseits, |
denn als die Maus vors Loch hintritt – ↗
es war nur ein ganz kleiner Schritt –, ↗
wird sie durch Katzenpfotenkraft ↗
hinweggerafft. ||

Seite 46–47:
Aufgabe 1 (mögliche Lösung):
Geräusche, riesige, ängstlich, plötzliches, schreckliches, fürchterliche, Totenstille, kopflose, glitschige, Bedrohliche, Todesangst, Gruselhotel

Seite 48:
Aufgabe 1:
Dehnungs-h: mehr, ohne, sehr, wahr, Zahl;
silbentrennendes h: höher, Reihe, ruhig, Schuhe, Zehen
Aufgabe 3:
Sehr, geehrter, h, mehr, sehen, wohl, sehr, h, mehr, Wahl, mahlen, h, Nehmen, verstehen, Mühe, steht, Ohne, h, Ihre; **Wörter ohne h:** verloren, malt

Seite 49:
Aufgabe 1–2:
lassen: er lässt, gelassen, lässig, ließ;
fressen: auffressen, er frisst, friss auf!, fraß;
Schloss: er schloss auf, geschlossen, verschlossen, schließt;
Fluss: er floss, flüssig, geflossen, fließt
Aufgabe 3:
besaß (1), saß (1), großen (1), Wasser (2), hässlich (2), Spaß (1), ließ (1), musste (2), Gefäß (1), saß (1), wusste (2), bisschen (2), besser (2), heiß (1), ließ (1)

Seite 50:
Aufgabe 1:
reist, reißt, Lies, ließ, Kreis, heiß, hieß, blies, Glas, Spaß
Aufgabe 2:
besaß, saß, großen, Glas, Kies, Moos, nieste, Spaß, ließ, döste, Gefäß, blies, loskletterte, saß, las, heiß, ließ

Seite 51:
Aufgabe 1:
läuten, Kräuter, Kraut, Sträucher, Bäuche, Bauch, schäumen, träumen, Traum, Mäuler, Maul, Säule, Bäche, Schwäche, Gebäck, Gepäck, Kräfte, Säfte, Mädchen, Schädel
Aufgabe 2:
verträumtes, Mädchen, Märchen, träumt, ständig, Geräusch, Äuglein, betäubt, schläft, aufgezäumt, Bäumen, Bäche, Zäune, Sträucher, lächelt, lässt, träumen, läuft

Seite 52:
Aufgabe 1:
Wörter mit -lich: ärgerlich, ehrlich, freundlich, fröhlich, gefährlich, wirklich
Wörter mit -ig: fertig, lustig, mutig, richtig, ruhig, wenig

Wörter mit -isch: französisch, komisch, mürrisch, neidisch, regnerisch, spöttisch
Aufgabe 3:
hüg(e)lig, stach(e)lig, schimm(e)lig, schwind(e)lig, grus(e)lig, ek(e)lig

Seite 53:
Aufgabe 1–2:
Klamauk, Trapez, Kürzlich, Zirkus, Schweiz, Kreuzberg, Scherze, schaukelten, Balken, Kreuz, purzelten, quiekte, Backenbart, Witzbold, gespreizten, Netz, schicken, Latzhosen, ansetzte, Platz, Notiz, Gequäke, Brettersitz, nickte, plötzlich, pardauz, stürzte, Netz, wälzte, Pauken (2), entsetzlich (3), merkwürdigen (1), Eindruck (3), denken (1), tickten (3), Ganze (1), Spuk (2), trotzdem (3)

Seite 54:
Aufgabe 1:
End-: Endsumme, Endergebnis, Endgeschwindigkeit, Endreim, Endstation, Endkampf;
Ent-: Entdeckung, Enttäuschung, Entlüftung, Entwässerung, Enttarnung, Entscheidung
Aufgabe 3:
a) Endreim, b) Entdeckung, c) Endsumme, d) Enttäuschung, e) Endrunde

Seite 55:
Aufgabe 1:
a) durchschnittliche <u>Schulterhöhe</u>, eines <u>Pferdes</u>;
b) In <u>Australien</u>, ein <u>Pferd</u>; c) große <u>Angst</u>;
d) sein <u>Gewicht</u>
Aufgabe 2:
<u>Seine</u> Besitzerin, <u>dieses riesige</u> Pferd, <u>im</u> Stall, <u>den</u> verschiedensten Pferdeshows, <u>zur</u> Schau, <u>Zum</u> Transport, <u>ein besonderer</u> Anhänger, <u>der</u> Hengst, <u>den</u> Leuten, <u>einen großen</u> Auflauf, <u>die meisten</u> Menschen, <u>einem</u> respektvollen Abstand, <u>Die</u> Besitzerin, <u>volles</u> Verständnis, <u>zur</u> Rasse, <u>einer</u> Schulterhöhe, Zentimetern, <u>einem</u> Gewicht, <u>einer</u> Tonne, <u>die größte und schwerste</u> Pferderasse <u>der</u> Welt, <u>Noddys</u> Statur, <u>ein</u> Vorfahre, <u>größtes</u> Pferd <u>der</u> Welt, <u>der</u> Rekorde, <u>eine</u> Schulterhöhe

Seite 56:
Aufgabe 1:
1a) Üben, 1b) üben; 2a) vorschwingen, 2b) Vorschwingen; 3a) vorsetzen, 3b) Vorsetzen; 4a) abrollen, 4b) Abrollen
Aufgabe 2:
Schwimmen, liegen, Durchwühlen, Heulen, Lächeln, sehen, Baden

Seite 57:

Aufgabe 1:

a) viel Neues, d) ins Blaue, g) im Kalten,
h) etwas Teures, j) Das Beste

Aufgabe 2:

a) alles Gute, b) im Hellen, c) etwas Leckeres

Seite 58:

Aufgabe 1:

heute Vormittag (3), gestern (1), heute Nachmittag (3),
morgen Mittag (3), übermorgen (1)

Aufgabe 2:

a) dienstags, b) nachmittags, c) sonntags, d) sonntags,
e) nachts

Seite 59:

Aufgabe 1:

Als wir gestern Abend auf der Terrasse saßen, zogen
plötzlich schwarze Wolken auf. Mir war ein bisschen
ängstlich zumute, als die ersten Blitze zu sehen waren.
Meine Mutter sagte zu mir, dass ich keine Angst haben
müsse. Mein Vater aber erzählte, dass er einmal fast
von einem Blitz erschlagen wurde. Das tröstete mich
nun gar nicht, als die Blitze immer näher kamen. Ich
fürchtete mich nun so sehr, dass ich mich an meine
Mutter kuschelte. Als das Gewitter vorübergezogen
war, war ich richtig erleichtert.

Aufgabe 2:

Obwohl der Himmel wolkenverhangen war, packte ich
keinen Regenschirm ein.

Als ich gerade durch die Bäckerstraße ging, gab es
plötzlich einen Platzregen.

Zum Glück blieb ich aber trocken, weil ich mich in einen Hauseingang retten konnte.

Ich konnte meinen Weg schon bald fortsetzen, da der
Schauer nach fünf Minuten vorbei war.

Seite 60:

Aufgabe 1:

Niklas sagt: „Wenn einer im Fußball einem Spieler ein
Bein stellt."

„Überhaupt – wenn einer sich nicht an die Regeln hält,
das ist unfair", sagt Carla.

„Mogeln beim Kartenspiel", sagt Judith, „finde ich
auch unfair."

Aufgabe 2:

Tobias sagt: „Wenn einer petzt, das finde ich unfair." (1)

„Petzen", protestiert Carla, „das kann doch auch fair
sein!" (3)

„Das verstehe ich jetzt nicht", sagt Tobias. (2)

Carla antwortet: „Petzen, das ist so viel wie etwas verraten." (1)

„Gut", sagt Tobias, „der Meinung bin ich auch." (3)

„Und wenn man einen Diebstahl verrät? Dann ist das
doch fair!", sagt Carla. (2)

Darauf antwortet Tobias: „Das würde ich nicht petzen
nennen." (1)

„Sondern?", fragt Carla. (2)

„Na, anzeigen zum Beispiel", sagt Tobias. (2)

Seite 61:

Aufgabe 1 (mögliche Lösung):

Lebendiges: Vögel, Kinder, Spinnen, Menschen;
Dinge: Wartehäuschen, Schule, Bus, Scheiben, Greifvo-
gelbilder, Netze, (UV-)Strahlen, Hindernis;
Gefühle, Gedanken: Hilfe, Ungeduld, Frage, Aufgabe,
Schmuck, Möglichkeit, Schutz, Freude

Seite 62:

Aufgabe 1:

den Früchten, dem günstigen Klima, der ganzen Welt,
seinen Bewohnern, einen guten Grund, die tolle Idee,
dem Wahrzeichen, dem Laufvogel, den gewählten
Namen, den neuseeländischen Laufvogel, die wohlschmeckende Frucht

Seite 63:

Aufgabe 1:

1 ein, **2** das, **3** ein, **4** ein, **5** Das, **6** das, **7** dem, **8** einen,
9 das, **10** dem, **11** das, **12** dem, **13** den, **14** Das, **15** das,
16 ein, **17** das, **18** dem, **19** den

Aufgabe 2:

1 Ein, **2** einen, **3** einen (*auch möglich:* den), **4** den, **5** ein,
6 der, **7** einem, **8** Der, **9** der, **10** eine, **11** den, **12** der,
13 einer, **14** ein, **15** Der, **16** einen, **17** der, **18** den

Seite 64:

Aufgabe 1:

Kinder, die in der Ferne Blitze sehen, zählen gern die
Sekunden, bis sie den Donner hören. Die Dauer des
Schalls, der in einer Sekunde 330 Meter zurücklegt,
sagt ihnen nämlich, wie weit das Gewitter noch entfernt ist. Kommen sie beim Zählen auf neun Sekunden,
dann sind es nur noch drei Kilometer von der Stelle
aus, an der die Kinder zählend stehen. Wisst ihr übrigens, dass auf der Erde etwa 1600 Gewitter gleichzeitig auftreten können, die auf über 0,3 % der Erdoberfläche stattfinden? Für ein Gewitter, das sich aufbaut,
braucht es viel Wärme und Feuchtigkeit. Die Sonne,
die auf die Erde scheint, erwärmt die Luftschichten
sehr schnell. Die Luftschichten, die dadurch leichter
werden, steigen mit ihrer Feuchte in den Himmel und
erreichen bald kältere Luftschichten. Dort bilden sich
Mini-Wassertropfen und damit die ersten Wolken, die
anfangs noch klein und weiß, dann aber dicker und

dunkler werden. Die Grundlage für ein Gewitter ist gelegt.

Aufgabe 2:

1 die, **2** in denen, **3** die, **4** die, **5** durch den, **6** die

Seite 65:

Aufgabe 1:

1 sie, **2** ihren, **3** ihr, **4** sie, **5** ihr, **6** sie, **7** meinem, **8** mir, **9** sie, **10** ihrer, **11** Sie, **12** ihres, **13** unserem, **14** dich, **15** du, **16** ihn, **17** ihr, **18** sie, **19** ihres, **20** sie, **21** sein, **22** sie, **23** ihren, **24** ihnen

Seite 66:

Aufgabe 1:

dir / Ihnen, deinen / Ihren, dir / Ihnen, deinen / Ihren, deinen / Ihren, dich / Sie, dir / Ihnen, dir / Ihnen, dich / Sie, dir / Ihnen, deine / Ihre

Seite 67:

Aufgabe 1:

fahre, sitzen, liest, trinkt, holt, schlägt, fallen, ertönt, erreichen, hält, geht, strömt, kommt, haben, nimmt, geht, rollt, sehe, beobachten, stört, singt, schläft, öffne, suche, finden, liegt, gucke

Seite 68:

Aufgabe 1:

Partizipien I: schwer atmend, der frierende Hund, vor Schmerzen jammernd, eine Limonade trinkend, nach Motorenöl riechend, eine ausweichende Antwort

Partizipien II: sie hat gefroren, er war gekrochen, es ist gelungen, das gesunkene Schiff, das Spiel wurde gewonnen, die gezogenen Lottozahlen

Aufgabe 2:

kochen – kochend – gekocht

schreiben – schreibend – geschrieben

springen – springend – gesprungen

schneiden – schneidend – geschnitten

sitzen – sitzend – gesessen

pfeifen – pfeifend – gepfiffen

Aufgabe 3:

a) Die sauber geschriebenen (Partizip II) Sätze standen an der Tafel. Konzentriert saßen die schreibenden (Partizip I) Kinder an ihren Tischen.

b) Alle Gäste bewunderten unseren herrlich duftenden (Partizip I) Rosenstrauch. Selbst im Dachgeschoss hat es nach unseren Rosen geduftet (Partizip II).

Seite 69:

Aufgabe 1:

a) vergiss, b) sprich, c) lies, d) sieh, e) miss, f) hilf, g) verdirb, h) nimm, i) iss

Aufgabe 2:

a) Tritt da nicht rein!, c) Übergib diesen Brief bitte deiner Mutter!, e) Nimm all deinen Mut zusammen, dann schaffst du den Sprung!

Seite 70:

Aufgabe 1 und 3:

Die wörtlichen Reden klingen im Präteritum unnatürlich. Normalerweise verwenden wir eher das Perfekt: *Am Abend fragte ihn seine Mutter: „Was habt ihr denn alles gesehen?" Niklas antwortete: „Wir haben uns Bilder angesehen." (…)*

Aufgabe 2:

Perfekt: Und dann hat er es seiner Mutter vorgelesen.

Präsens: Hier ist es.

Seite 71:

Aufgabe 1 (und 2):

aufgewacht war, bin … eingeschlafen (schlief … ein), geweckt hatte, lief, aß, trank, rannte, war … davongefahren (ist … davongefahren), ging (bin … gegangen), war … gefahren, sitze, warte, geht, haben … geschrieben (Futur II: werden … geschrieben haben), habe … gehabt (hatte), werde … nachschreiben, werden sehen

Seite 72:

Aufgabe 1:

Eisenbahnfahren heute: a), d), e), g), i), l), n), o), q), t)

Aufgabe 4:

Eisenbahnfahren früher: b), c), f), h), j), k), m), p), r), s) – alle Sätze stehen im Präteritum

Aufgabe 6:

Der erste Satz gehört unter Satz s), der zweite unter t).

Seite 73:

Aufgabe 1:

Sätze, die im Passiv stehen, sind die Sätze b), d), e), g) und h).

Aufgabe 2:

Jeder Mensch kennt Ängste. Wodurch werden sie ausgelöst? Bei manchen Menschen löst eine Spinne schon Angst aus. Andere zittern bei Gewitter vor Angst. Und bei manchen Schülern werden Ängste erzeugt, wenn eine Arbeit geschrieben wird. Einige Ängste werden uns mit auf die Welt gegeben. So werden wir durch Ängste z. B. vor Gefahren gewarnt. Andere Ängste aber lernen wir. So erfahren kleine Kinder die Hitze einer Kerzenflamme. Durch den Schmerz werden sie dann davon abgehalten, so etwas wieder zu tun.

Seite 74:
Aufgabe 1:
1 hohen, **2** alten, **3** große, **4** nächsten,
5 kleinen, **6** längere, **7** aufmerksam, **8** obersten,
9 gemütlich, **10** vielen, **11** zufriedenes, **12** gründlichen,
13 traurigen, **14** geliebten
Aufgabe 3:
Adjektive: süß, viele, unglaublich, gesamt, dick, durch-schnittlich, salzig, angenehm, praktisch, besser, zwei

Seite 75:
Aufgabe 1:
1 breiteste, **2** dicksten, **3** höchsten,
4 schnellste, **5** ältesten, **6** giftigste, **7** stärkste
Aufgabe 2:
a) als, b) wie, c) als, d) als, e) wie, f) wie, g) als

Seite 76:
Aufgabe 1:
a) gestern (Zeit), b) drinnen (Ort),
c) gern (Art und Weise), d) darum (Grund)
Aufgabe 2:
waagerecht: dort, jetzt, nämlich, gern, doch, gestern,
sehr, hinten;
senkrecht: vielleicht, hier, dann, rechts, darum, abends,
anders, also
Aufgabe 3:
Adverbien der Zeit: jetzt, gestern, dann, abends;
Adverbien des Ortes: dort, hinten, hier, rechts;
Adverbien der Art und Weise: gern, sehr, vielleicht,
anders;
Adverbien des Grundes: nämlich, doch, darum, also

Seite 77:
Aufgabe 1:
in, zur, mit, über, an, auf
Aufgabe 2:
In einem Dorf (**D**), Auf der Diebestour (**D**), mit dem
Schuhtick (**D**), In diesem Frühjahr (**D**), von einem Ort
(**D**), auf einer Terrasse (**D**), in einem Garten (**D**), unter
einer Treppe (**D**), an seinem Bau (**D**), in den Wald (**A**),
mit ihnen (**D**), aus dem tiefen Bau (**D**), für den schlauen
Fuchs (**A**)

Seite 78:
Aufgabe 1:
Sarah turnte ihre Bodenübung fehlerlos, **denn** sie hat-te fleißig geübt.
Sarah turnte ihre Bodenübung fehlerlos, **weil** sie flei-ßig geübt hatte.
Max stürzte beim Pferdsprung, **und** er bekam eine
niedrige Wertung.

Max stürzte beim Pferdsprung, **sodass** er eine niedrige
Wertung bekam.
Max beendete den Wettkampf als Vorletzter, **aber** Sa-rah gewann ihn mit großem Vorsprung.
Max beendete den Wettkampf als Vorletzter, **während**
Sarah ihn mit großem Vorsprung gewann.

Seite 79:
Aufgabe 1:
1 als / nachdem, **2** dass, **3** aber, **4** sondern, **5** weil / da,
6 während, **7** wenn, **8** ob, **9** bis, **10** als / nachdem,
11 und, **12** weil / da, **13** wenn / falls, **14** doch

Seite 80:
Aufgabe 1:
a) Waldwiese, b) Straßenbahn, c) Computertisch,
d) Topfblume, e) Geburtstagskuchen
Aufgabe 2:
Sonnenbrunnen, Wannensonnenbrunnen, Schwäne-wannensonnenbrunnen,
Schwedenschwänewannensonnenbrunnen

Seite 81:
Aufgabe 2:
Eigentlich, fröhlicher, Besuch, verabredet, gefahren,
beschäftigt, bemerkte, Hektisch, vergeblich, abschlie-ßen, Enttäuschung, verdeckt, gefallen
Aufgabe 3 (mögliche Lösung):
Verben: zerbrechen, verwackeln, bespielen, verrücken,
versprechen ...
Substantive: Unfreiheit, Versprecher, Unbespielbar-keit, Gebrechlichkeit, Besprechung ...
Adjektive: bespielbar, zerbrechlich, gebrechlich, unver-rückbar ...

Seite 82:
Aufgabe 1:
(...) **Der Mann** rannte **dem Dieb** hinterher. **Er** konnte
ihn festhalten. **Er** benachrichtigte mit seinem Handy
die Polizei. **Die Polizei** war schnell zur Stelle. **Sie** nahm
dem Dieb die Brieftasche wieder ab. **Der Dieb** wurde
abgeführt.
Aufgabe 2:
Pech gehabt!
Ein Taschendieb hatte **einem Mann die Brieftasche**
gestohlen. **Der Mann** hatte **den Diebstahl** sofort be-merkt. **Der Mann** rannte **dem Dieb** hinterher. Doch
der Dieb war plötzlich verschwunden. **Der Bestohlene**
suchte **das Polizeirevier** auf. **Die Polizei** versprach **dem
Mann schnelle Hilfe**. Doch leider bekam **der Mann sei-ne Brieftasche** nicht wieder.

Seite 83:
Aufgabe 1 (mögliche Lösung):
Zecken
Die meiste Zeit verhalten Zecken sich völlig unauffällig. Besonders bei warmem Wetter erwarten sie ihre Opfer. Auch im Wald kann man sie finden. Allerdings kann man sie wegen ihrer Winzigkeit kaum erkennen. Unbemerkt lassen sie sich auf ihren Opfern nieder. Dann suchen sie auf dem Körper eine warme Stelle. Danach versenken sie ihre Rüssel in dem Körper des Opfers. Erst nach dem Festhaken in der Haut verursachen sie einen Juckreiz. Heute können Zecken gefährliche Krankheiten übertragen. Deshalb sollten sie nach einem Stich schnell entfernt werden.

Seite 84:
Aufgabe 1:
Krabat ist eine sorbische Sagengestalt. In der Kindheit musste er wegen der großen Not für den Lebensunterhalt der Familie betteln gehen. Eines Tages kam er zu einem bösen Zaubermüller. Mit ihm lernten noch elf Lehrlinge die Schwarze Kunst des Müllers. Jährlich einmal wurden die zwölf Schüler in einen düsteren Raum der Mühle geführt.
Aufgabe 2:
In dem Raum befand sich ein großes Rad. Darin steckte ein Zahn des Teufels. Beim Drehen des Rades klopfte den Schülern das Herz. (...) Der kluge Krabat wollte kein Opfer bei dem mörderischen Spiel des Müllers sein. Deshalb bat er seine Mutter um Hilfe. Die folgte den genauen Tipps des Sohnes. So konnte die Mutter im entscheidenden Moment ihren Sohn von den anderen Lehrlingen unterscheiden. Der wütende Müller musste Krabat ziehen lassen. Der Müller wurde noch wütender, als er merkte, dass dieser ihm auch noch sein wertvolles Zauberbuch gestohlen hatte, und schwor ihm ewige Rache.

Seite 85:
Aufgabe 3:
Krem, Kreme, Creme
Aufgabe 4:
Lied (Gesangsstück), Lid (Augendeckel)
Aufgabe 5:
Katastrophe (Unglück großen Ausmaßes)
Aufgabe 7:
Atlas: Atlasse, Atlanten; Kaktus: Kakteen
Aufgabe 8:
ein Geheimnis lüften, eine Neuigkeit bekannt geben
Aufgabe 9:
her-ü-ber/he-rü-ber, ex-tra/ext-ra

Seite 86:
Aufgabe 2:
eher vorn: Aal, Chamäleon, Braunbär, Dromedar;
eher in der Mitte: Katze, Otter, Jaguar, Faultier, Elch;
eher hinten: Tiger, Wal, Wolf
Aufgabe 4:
Gelegenheit, **gemocht**, genehmigen; necken, **Nelke**, Nessel; Tölpel, **tosen**, tot; verstoßen, **verursachen**, verwahren; pur, **Pyramide**, Qualm; deklinieren, **Denkmal**, deprimiert; Schwindel, **Scrabble**, scrollen

Seite 87:
Aufgabe 5:
fliegen, **flüstern**, folgen; brühen, **bücken**, bummeln; spritzen, **stacheln**, stampfen; necken, **nennen**, nicken; koppeln, **krabbeln**, krächzen; empfehlen, **enden**, entbehren; wischen, **wölben**, wollen; dösen, **drängen**, drehen
Aufgabe 6:
Charakter, Creme/Kreme/Krem, Karawane, Kassette, Clown, Club/Klub, Cabrio/Kabrio, Kotelett, Kommissar, Chaos, Computer, Kusine/Cousine, Container, Clique
Aufgabe 7:
Fakir, Vitamin, Fantasie/Phantasie, Vagabund, Vers, Finale, Ventil, Phantom, Vase

3 Gestalte nun einen Steckbrief zu Bertha Benz.

_____

_____

_____

_____

_____

_____

_____

_____

_____

_____

_____

_____

Benz-Motorwagen von 1888

→ Eine Sage orientierend lesen und erschließen

1 Verschaffe dir zuerst einmal einen Überblick, worum es im folgenden Text überhaupt geht.

☐ erblickte er an der Küste des östlichen Mittelmeeres die schöne

☐ einer Wiese spazieren ging.

☐ Zeus war von der Schönheit des Mädchens so

☐ friedlich weidenden Stier.

☐ Die Mädchen erfreuten sich an dem Anblick des

☐ schönen Tieres, streichelten das schneeweiße Fell und

☐ des im Grase ruhenden Tieres.

☐ Kaum hielt sie sich am Horn fest, da – plötzlich

☐ Hier nahm Zeus seine wahre göttliche Gestalt an

☐ Sie lebten lange Zeit glücklich zusammen und

☐ Menschen drei Söhne.

☐ Zeus aber wollte die geliebte Europa ehren und

☐ nannte den Erdteil, zu dem auch Kreta

☐ **Wie unser Erdteil seinen Namen bekam**

☐ Als Zeus wieder einmal über die Erde wandelte,

☐ Europa, die mit ihren Freundinnen auf

☐ So verwandelte er sich auf der Stelle in einen

☐ angetan, dass er beschloss, sie zu rauben.

☐ schmückten die Hörner mit Blumen.

☐ Aus Spaß setzte sich Europa auf den Rücken

☐ erhob sich der gewaltige Stier, rannte zum

☐ Entsetzen der Mädchen zum Meer und schwamm

☐ mit seiner schönen Eroberung hinüber zur Insel Kreta.

☐ und vermählte sich mit Europa.

☐ Europa schenkte dem Vater der Götter und

☐ gehörte, Europa. Und so heißt unser Kontinent

☐ bis auf den heutigen Tag.

2 Lies den Text jetzt genauer.
Setze mit Bleistift die Ziffern 1–27 in der Reihenfolge ein, in der die Textteile miteinander verbunden werden müssen.

3 Schreibe nun die Sage als zusammenhängenden Text in deinen Hefter auf. Vergiss die Überschrift nicht.

4 Unterstreiche in der Sage die Antworten auf die W-Fragen:
a) **Wer** sind die Hauptfiguren?
b) **Welchen** Trick wendet Zeus an, um Europa zu bekommen?
c) **Warum** wurde unser Erdteil nach ihr benannt?

5 Weise nach, dass es sich bei dem Text „Wie unser Erdteil seinen Namen bekam"
um eine Sage handelt. Markiere die Merkmale farbig.

6 Illustriere deinen Sagentext mit einem Bild.
Wähle dazu eine Szene aus der Sage aus.

7 Wieso hat es Zeus eigentlich ausgerechnet auf das Mädchen Europa
abgesehen und nicht auf eine ihrer Freundinnen?

_____

_____

8 Zeus hat sich in einen ganz besonderen Stier verwandelt,
um das Interesse des Mädchens Europa zu wecken.
Schreibe aus dem Text heraus, was du über das Aussehen und Verhalten
des Stiers erfährst.

Aussehen: _____

_____

Verhalten: _____

_____

9 Entscheide, ob es sich bei der Sage „Wie unser Erdteil seinen Namen bekam"
um eine Helden- oder Göttersage handelt.
- Informiere dich zuerst noch einmal über die Merkmale.
  Welche treffen auf die Sage zu?

Merkmale von Heldensagen

Heldensagen beziehen sich auf
tatsächliche geschichtliche Ereignisse
und erzählen von außergewöhnlich
mutigen Taten.

Merkmale von Göttersagen

Göttersagen erzählen von so manchen Naturerscheinungen, die sich
die Menschen nicht erklären konnten. Deshalb dachten sie sich dafür
verantwortliche Wesen aus. Diese nannten sie Götter und sie gaben
ihnen ein menschliches Aussehen und einen Namen.

M

- Begründe nun, ob es sich um eine Helden- oder Göttersage handelt.

_____

_____

_____

_____

_____

Die Heimkehr des Odysseus

Nachdem Odysseus den Zyklopen besiegt und noch unzählige andere Abenteuer bestanden hatte, landete sein Schiff endlich an den Ufern von Ithaka, seiner Heimat.

5 Trüber Nebel lag über der Insel, als Odysseus nach langem Schlafe erwachte. Der Arme erkannte die Heimat nicht wieder, Bäume und Felsen schienen ihm fremd, und er fragte sich verzweifelt, wo 10 er wohl sein mochte.

Da erschien ihm Athene, seine Schutzgöttin, und sprach ihm Trost zu: „Du bist am Ende deiner Irrfahrten, edler Odysseus", sagte 15 sie freundlich, „denn du stehst auf dem Boden deiner Heimat Ithaka. Aber da du so lange weg warst, kämpfen andere Männer um den Thron in deinem Land. Mehr als 20 100 Männer haben sich in deinem Schloss niedergelassen und drängen deine Frau Penelope, einen neuen Gemahl unter ihnen zu wählen. Alle wollen dadurch zum neu-25 en König von Ithaka werden." Als Odysseus dies hörte, wurde er sehr zornig und wollte geradewegs in seinen Palast marschieren, um die ungebetenen Gäste zu vertreiben.

30 Aber Athene warnte ihn: „Du musst vorsichtig sein. Sie sind in der Überzahl. Allein hast du keine Chance! Am besten, es erfährt vorerst niemand von deiner Rückkehr. 35 Gehe verkleidet in den Palast und finde heraus, wer von edlem Charakter ist und dir als Freund im Kampf um dein Recht zuverlässig zur Seite steht."

Gesagt, getan. Mit ihrer göttlichen Zauberkraft verwandelte Athene den Helden in einen armse-40 ligen, in Lumpen gekleideten Bettler. So unkenntlich gemacht, sollte Odysseus leichter alle Vorbereitungen treffen können, um sein Ziel zu erreichen.

Auf Athenes Geheiß suchte er zunächst den Sauhirten Eumaios auf, der seinem verschollenen Herrn 45 die Treue hielt. Eumaios ahnte nicht, wem er seine Gastfreundschaft erwies, als er den armen Bettler in seiner Hütte aufnahm. Hier begegnete Odysseus

auch Telemach, seinem Sohn, den er volle zwanzig Jahre nicht gesehen hatte. Wie glücklich war der Vater über den Sohn, der zu einem blühenden 50 Jüngling herangewachsen war! Da erschien auch Athene an der Pforte des Gehöftes, winkte Odysseus zu sich und verwandelte ihn zurück in seine eigene kraftvolle Gestalt. Angetan mit einem kostbaren Mantel, stand 55 Odysseus plötzlich vor dem Sohne, der ihn in ängstlichem Staunen für einen Gott hielt. „Nein, ich bin kein Gott", rief Odysseus in tiefer Rührung, „ich bin dein Vater, um den 60 ihr so lange getrauert habt!" Da erst wagte Telemach, den geliebten Vater unter heißen Freudentränen innig zu umarmen.

Nun galt es, die Königin zu be-65 freien. Dafür verwandelte Athene Odysseus wieder in den armen Bettler. So verkleidet ging Odysseus zum Königshof und sah das lärmende Treiben der ungebetenen 70 Gäste. Auch Telemach erschien auf dem Hof und stimmte zum Schein dem Vorschlag der Männer zu, ein Wettschießen solle entscheiden, wem die Königin die Hand zum 75 Ehebund reichen werde.

Athene selbst stellte den Bogen für den Wettkampf. Keiner vermochte ihn zu spannen, nur der ärmlich gekleidete Fremde, der 80 keines der Ziele verfehlte. Jetzt gab sich Odysseus zu erkennen:

„Ihr Elenden!", rief Odysseus mit Donnerstimme. „Ihr glaubtet, ich käme nie mehr zurück in die Heimat! Jetzt ist die Stunde gekommen, da ich euch 85 für eure Untreue bestrafen werde!"

Entsetzen ergriff die Rivalen des wahren Königs, und wer nicht augenblicks floh, hatte sein Leben verwirkt. Vor Freude weinend, hielt Penelope nun Odysseus umschlungen und bedeckte sein Haupt 90 mit Küssen.

Da wusste Odysseus, dass er endlich heimgekehrt war.

1 Verschaffe dir nach dem ersten Lesen einen Überblick.
Markiere dir dazu die Antworten zu folgenden Fragen:

- Von welchem König handelt die Sage?
- Wo spielt das Geschehen und zu welchem Zeitpunkt?
- Wie lange war die Hauptfigur nicht in der Heimat?

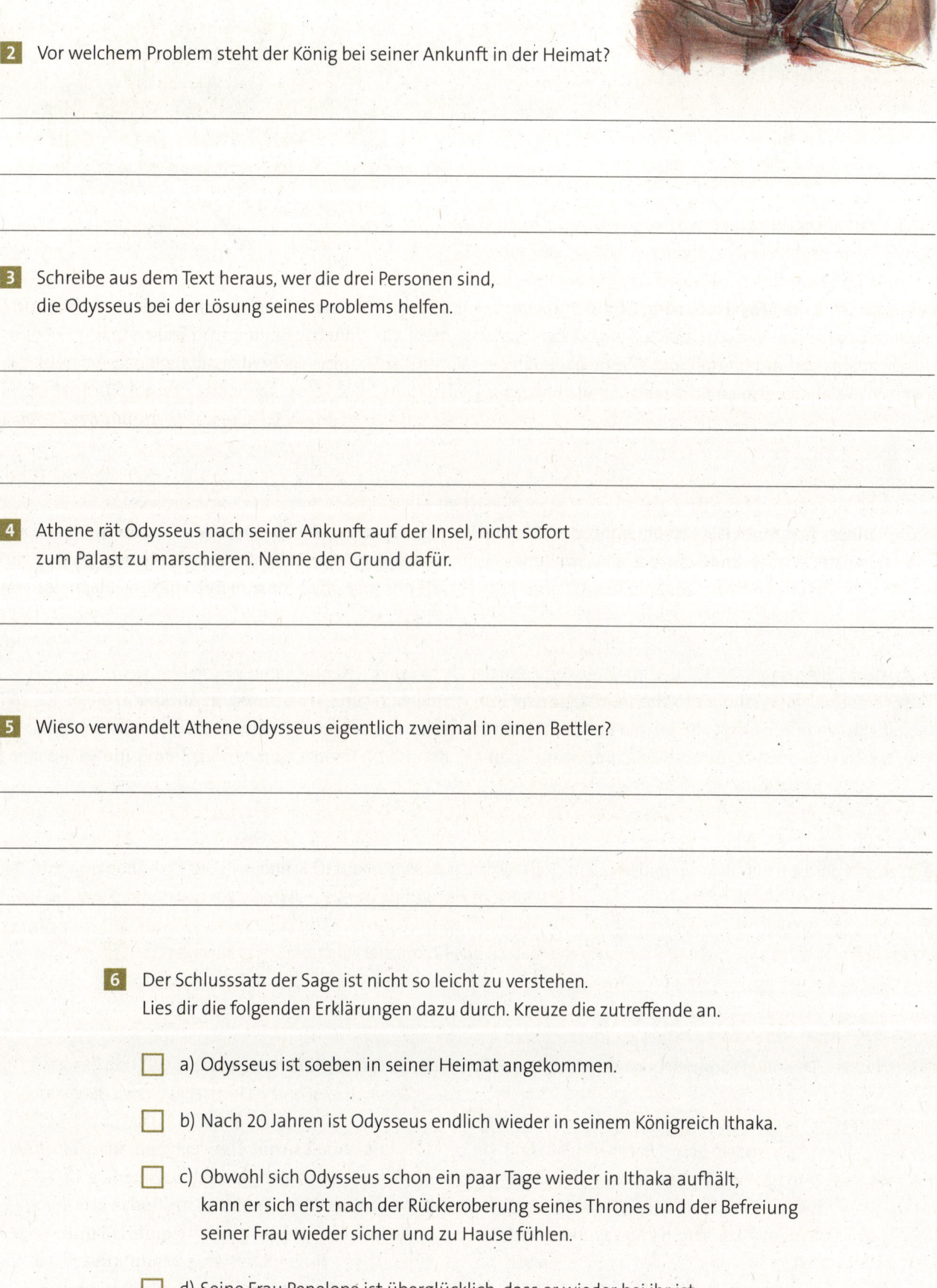

2 Vor welchem Problem steht der König bei seiner Ankunft in der Heimat?

_____

_____

_____

3 Schreibe aus dem Text heraus, wer die drei Personen sind,
die Odysseus bei der Lösung seines Problems helfen.

_____

_____

_____

4 Athene rät Odysseus nach seiner Ankunft auf der Insel, nicht sofort
zum Palast zu marschieren. Nenne den Grund dafür.

_____

_____

5 Wieso verwandelt Athene Odysseus eigentlich zweimal in einen Bettler?

_____

_____

_____

6 Der Schlusssatz der Sage ist nicht so leicht zu verstehen.
Lies dir die folgenden Erklärungen dazu durch. Kreuze die zutreffende an.

☐ a) Odysseus ist soeben in seiner Heimat angekommen.

☐ b) Nach 20 Jahren ist Odysseus endlich wieder in seinem Königreich Ithaka.

☐ c) Obwohl sich Odysseus schon ein paar Tage wieder in Ithaka aufhält,
kann er sich erst nach der Rückeroberung seines Thrones und der Befreiung
seiner Frau wieder sicher und zu Hause fühlen.

☐ d) Seine Frau Penelope ist überglücklich, dass er wieder bei ihr ist.

Kinder entdecken Geheimnisse im Abenteuerwald

_____

_____

Tief im Marberger Forst, wo eventuell heute noch Feen und Waldgeister umherschwirren, schwingen zehn zwölfjährige Maler der Kinder- und Jugendkunstschule die Pinsel. Unter Anleitung von Jakob Schulze, einem Bildhauer, verwandeln die Jungen und Mädchen drei im Wald umherliegende riesige Baumwurzeln mit blauen, gelben und grünen Farbanstrichen in fantasievolle Waldgeister. Diese vielarmigen Skulpturen werden am Rande des Waldlehrpfades ein Blickfang für alle Besucher sein.

_____

Seit 15 Jahren bietet die Kunstschule in Zusammenarbeit mit der Realschule ihr Sommerprojekt an. „Dieses Jahr steht das Projekt unter dem Motto _Im Abenteuerwald ist richtig was los._ Die Waldgeister brauchten Nachwuchs. Da haben wir nachgeholfen", sagt Schulleiter Bodo Tischler.

_____

An drei Tagen haben 38 Kinder im Alter von zehn bis elf Jahren im Rahmen eines Projektes in der Schule Feenkostüme gebastelt und in ihnen eine Waldwanderung unternommen, auf der es manches zu entdecken gab. Bei den bunten Waldgeistern im Marberger Forst haben sie gerastet und sich spannende Geistergeschichten vorgelesen.

1 Schau dir die Illustration an und lies den Text. Was ist an dem Bild falsch? Schreibe es auf.

_____

_____

2 Wie viele Personen kommen in diesem Text vor? Schreibe die Zahl und die Personen auf.

_____

_____

_____

3 Hast du beim Lesen alles verstanden? Wenn es Stellen oder Wörter gibt, die du nicht verstanden hast, unterkringele sie und mache daneben ein Fragezeichen am Rand.

4 Hier sind einige Wörter, die dir vielleicht unbekannt sind. Markiere sie im Text.

Bildhauer, Blickfang, eventuell, Motto, Skulpturen, Sommerprojekt, Waldlehrpfad

5 Hier findest du sieben Erklärungen zu diesen Wörtern.
- Schreibe dahinter, welches Wort jeweils gemeint ist.
- Streiche es danach in der Materialsammlung aus Aufgabe 4 durch.

a) möglicherweise, vielleicht _____

b) eine Unterrichtseinheit, die vor den Sommerferien durchgeführt wird _____

c) ein Künstler, der Figuren aus Holz, Stein oder Metall herstellt _____

d) ein Weg, auf dem man vieles über Tiere und Pflanzen erfährt _____

e) ein Thema _____

f) ein Gegenstand, der die Blicke der Betrachter auf sich zieht _____

g) Kunstwerke aus Holz, Stein, Metall _____

6 Der Schulleiter sagte: *„Die Waldgeister brauchten Nachwuchs. Da haben wir nachgeholfen."* Markiere diese Stelle im Text.

7 Was könnte der Schulleiter mit seiner Äußerung gemeint haben? Kreuze die richtige Antwort an.

a) ___ Der Schulleiter glaubt an Waldgeister.

b) ___ Er will damit sagen, dass man den Waldgeistern Kinder geben soll.

c) ___ Er sagt auf humorvolle Weise, dass es leider keine Waldgeister gibt, deswegen muss man sie künstlich herstellen.

8 Welche Zwischenüberschriften passen zu den drei Textabschnitten?
- Schreibe die passenden Zwischenüberschriften in Druckschrift über die Abschnitte.
- Streiche die falschen Zwischenüberschriften hier durch.

a) Kunstschule arbeitet mit Realschule zusammen
b) Im Marberger Forst gibt es noch echte Waldgeister
c) Verkleidete Kinder unternehmen Waldwanderung
d) Kinder erfinden spannende Geistergeschichten
e) Schüler gestalten aus Baumwurzeln Waldgeister
f) Schule führt das Projekt *Im Walde spukt es* durch

→ **„Spannungsmacher" in Texten erkennen**

M

„Spannungsmacher"

1. Die wichtigsten „Spannungsmacher" sind **Wörter und Ausdrücke**, die etwas **Unheimliches** oder **Schreckliches** erwarten lassen:
furchtbar, schrecklich, unheimlich ...

2. Spannung erzeugen auch **Andeutungen**. Das sind Stellen, an denen etwas angedeutet wird, ohne dass man genau sagt, was wirklich gemeint ist:
Da ist <u>etwas</u> <u>passiert</u>. – Was <u>dann</u> kam, hat uns alle <u>überrascht</u>. –
Wir konnten ja <u>nicht</u> <u>ahnen</u>, was <u>noch</u> geschehen würde. ...

3. Solche Andeutungen kommen oft auch dort vor, wo jemand etwas denkt: in **Gedankenreden** oder **Fragen**:
Was war das? Ich dachte: Das kann doch nicht wahr sein!

4. Auch **wörtliche Reden** können eine Geschichte spannend machen:
Sie sagte: „Hast du das Geräusch auch gehört?"
Ich flüsterte: „Ja. Aber was war das?"

5. Spannung kann auch dadurch erzeugt werden, dass der Lauf der Geschichte aufgehalten wird: durch **Verzögerungen**, **Wiederholungen** oder **Ablenkungen**:
Zwischendurch war es wieder ganz still. Es war, als wenn nichts gewesen wäre.
Doch plötzlich ...

6. Spannend sind Stellen, die plötzlich im **Präsens** stehen:
Ich horchte in die Nacht hinaus. Plötzlich <u>höre</u> ich, wie da etwas <u>poltert</u>. ...
Dann war es wieder still.

7. Besonders spannend ist es, wenn die **Pointe** bis zum **Schluss** aufgespart wird:
Am Ende kam die große Überraschung: ... – Ausgegangen ist das Ganze so: ...

1 Lies dir diese kleine Geschichte erst einmal aufmerksam durch.

Abenteuerfahrt im Freizeitpark

Wir kletterten in den offenen Geländewagen, sechs Erwachsene und sechs Kinder. Der Fahrer sagte mit einer Stimme, die uns wohl Angst machen sollte: „Es beginnt eine sehr, sehr gefährliche Reise. Wer sich nicht traut und wieder aussteigen möchte, der kann es jetzt tun. Nachher
5 ist es vielleicht zu spät. Und ich kann nicht dafür garantieren, dass wir alle wieder heil nach Hause kommen." Ich dachte: Meint der das wirklich ernst? Seine Stimme klang so, als wollte er uns tatsächlich warnen. Jedenfalls klopfte mir das Herz.

Dicht gedrängt saßen wir auf den Holzsitzen. Es ging durch Schlaglö-
10 cher und Wassergräben, sodass das Wasser hoch aufspritzte. In einem schmutzigen Loch blieb der Wagen liegen, der Motor heulte auf. Kommen wir hier wieder raus? Doch dann ging die Fahrt weiter, vorbei an brüllenden Plastiktigern, vorbei an einem schwarzen See voller Krokodile mit aufgesperrten Mäulern, vorbei an einem riesigen Elefanten,
15 der dicht an den Geländewagen kam und schaurig trompetete.

Nun fuhren wir durch einen stockdunklen Wald. Plötzlich blieb der Wagen wieder stehen. „Hier gibt es Riesenschlangen", flüsterte der Fahrer. „Lehnen Sie sich bitte, bitte nicht aus dem Wagen heraus!" Ich schaute ängstlich in die Bäume hinauf. Und da sehe ich sie: Eine riesige Schlange
20 liegt auf einem dicken, grauen Ast. Ihre gespaltene Zunge züngelt aus dem Schlangenmaul. Auf einmal bewegt sich die Schlange. Langsam, ganz langsam. Ihr großer Kopf kommt näher und näher an das Auto heran. Als er dicht vor mir ist, ducke ich mich. Ich denke noch:

_____

_____

Da spritzt sie mich mit einem kalten Wasserstrahl an. Ich schrie. Auch
25 andere Kinder schrien. Aber die meisten lachten nur. Eigentlich habe ich ja gewusst, dass die nicht echt ist. Aber Angst hatte ich doch.

2 Ziehe am Rand einen Strich an der Stelle, die du besonders spannend findest.

3 Markiere Textstellen, an denen **„Spannungsmacher"** vorkommen:
   · unheimliche Wörter,
   · Gedankenreden, Fragen und wörtliche Reden,
   · Wiederholungen von Wörtern,
   · spannende Satzanfänge.

4 Schreibe einige **„Spannungsmacher"** heraus:

Dies sind etwas **unheimliche, spannende Wörter**: _____

_____

Hier **wird etwas angedeutet**: _____

_____

Dies ist eine **Gedankenrede**: _____

_____

Dies ist ein **Satz, der plötzlich im Präsens steht**: _____

_____

An dieser Stelle merkt man, dass die Tiere **nicht echt** sind: _____

_____

5 Schreibe in die leeren Zeilen oben im Text hinein, was das Kind gedacht haben könnte.

6 Lest euch die Geschichte gegenseitig vor. Denkt daran: Pausen beim Vorlesen machen die Geschichte besonders spannend!

1 In der folgenden Geschichte wird die gesamte Handlung von einem Traum bestimmt.

Das Haus

André Maurois

Als ich krank war vor zwei Jahren, hatte ich jede Nacht den gleichen Traum. Ich ging übers Land; von Weitem bemerkte ich ein weißes Haus, niedrig und lang gestreckt, umgeben von einem Lindenwäld-
5 chen. Im Traum fühlte ich mich zu diesem Haus hingezogen und ich ging jedes Mal darauf zu. Ich wollte das Haus besichtigen, klopfte an, doch niemand antwortete. Ich war sehr enttäuscht, klingelte, rief und wachte endlich auf.

10 Das war mein Traum. Während vieler Monate kehrte er immer wieder. Alles lief auf die gleiche Weise ab, dass ich schließlich dachte, ich hätte in meiner Kindheit dieses Schloss und den Park schon einmal gesehen. Dennoch konnte ich, wenn ich
15 wach war, mich nicht daran erinnern. Das Nachgrübeln wurde zu einer Art von Besessenheit, sodass ich eines Sommers beschloss, während meiner Ferien ganz Frankreich auf der Suche nach dem Haus meines Traumes zu durchfahren. Doch ich fand es
20 nicht und war darüber nicht erstaunt.

Im Oktober kehrte ich nach Paris zurück. Und wieder träumte ich während des ganzen Winters von meinem weißen Haus. Doch eines Tages, ich fuhr durch ein der Isle-Adam[1] benachbartes Tal,
25 überkam mich ein angenehmer Schreck. Es war so ein merkwürdiges Gefühl.

Obwohl ich niemals in dieser Gegend gewesen war, erschien mir die Landschaft, die sich zu meiner Rechten dehnte, ganz vertraut. Durch das Laub-
30 werk hindurch konnte man ein weißes Haus sehen. Da wusste ich, dass ich das Schloss meiner Träume gefunden hatte. Ich wusste genau, dass hundert Meter weiter ein schmaler Weg die Straße kreuzen musste. Der Weg war da. Ich schlug ihn ein. Ich folgte ihm bis vor ein weißes Gartentor. 35
Ich stieg aus meinem Wagen, lief eilig die Stufen hinauf und klingelte. Im gleichen Augenblick öffnete ein Diener. Er sah traurig aus, war sehr alt und trug eine schwarze Jacke. Er schien sehr erstaunt, mich zu sehen, und betrachtete mich aufmerksam, 40 ohne zu sprechen.

„Ich werde Ihnen jetzt", sagte ich, „eine recht seltsame Bitte vortragen. Ich kenne die Eigentümer dieses Hauses nicht, aber ich wäre glücklich, wenn Sie mir erlauben würden, es anzusehen." 45

„Das Schloss", sprach er wie bedauernd, „ist zu vermieten, gnädige Frau, und ich bin hier, um es bei Besichtigungen zu zeigen."

„Man kann es mieten?", sagte ich. „Welch unerhoffter Zufall. Warum bewohnen denn die Besitzer 50 nicht selbst ein so schönes Haus?"

„Sie haben es bewohnt, Madame, und sie haben es verlassen, seitdem es hier im Haus spukt."

„Es spukt hier?", fragte ich. Das sollte mich nicht abhalten. „Ich wusste nicht, dass man in Frankreich 55 auf dem Lande noch an Geister glaubt."

„Auch ich nicht, Madame", sprach er ernst, „wenn ich nicht selber dem Gespenst, das meine Herrschaft vertrieb, so oft des Nachts im Park begegnet wäre." 60

„Unglaublich!", meinte ich und versuchte zu lächeln.

„Nicht ganz so unglaublich", sagte der Greis in vorwurfsvollem Tone, „dass gerade Sie darüber lachen dürften, denn das Gespenst, Madame, waren Sie." 65

---

[1] L'Isle-Adam ist eine französische Gemeinde nordwestlich von Paris.

2 In welcher Zeile erkennst du, ob die Hauptfigur ein Mann oder eine Frau ist?

Zeile: _____ Textbeleg: _____

3 Aus welcher Sicht wird die Geschichte erzählt? Schreibe die Erzählperspektive auf.

_____

4 Die Hauptfigur hat immer wieder einen besonderen Traum.
Beschreibe den Traum und wie er jedes Mal endet.

_____

_____

_____

5 Was unternimmt die Hauptfigur, um dem Geheimnis ihres Traums auf die Spur zu kommen?

_____

_____

6 Gehe auf die Suche nach „Spannungsmachern".
Notiere dazu passende Satzanfänge oder Spannung erzeugende Wörter und Wendungen.

_____

_____

7 An welcher Stelle der Geschichte ist die Spannung am höchsten (Pointe)?
Begründe deine Meinung.

_____

_____

_____

8 **a) Wie verstehst du das Ende? Schreibe deine Gedanken dazu auf.**
   b) Was wird die Frau am Ende wohl denken?

_____

_____

_____

1 Hier findest du einen Auszug aus dem Jugendbuch „Ronja Räubertochter"
von *Astrid Lindgren*.
In diesem Auszug wird die besondere Bedeutung des Sommers für Ronja
in beeindruckender Weise beschrieben.
Lies dir den Text zunächst einmal in Ruhe durch.
Lass dich dabei von den *kursiv* gedruckten Wörtern nicht beirren.

Sommer

Astrid Lindgren

Und Sommer war es. Mit jedem Tag wurde es mehr
und mehr Sommer, klarer, wärmer als irgendeiner,
an den sie sich erinnern konnten. Jeden Tag in der
Mittagshitze badeten sie in dem kalten Flusswas-
5 ser. Sie schwammen und tauchten wie zwei Fisch-
otter und ließen sich von der *Brandung, Strömung,
Welle* tragen, bis das Getöse des Glupafalles so laut
wurde, dass es ihnen zu gefährlich erschien. Im
Glupafall warf der Fluss seine Wassermassen eine
10 gewaltige Steilwand hinab, und so eine Fahrt über-
stand keiner bei lebendigem Leibe.

Aber Ronja und Birk wussten genau, wann *Erho-
lung, Überraschung, Gefahr* drohte.

„Sobald ich auch nur den kleinsten Schimmer
15 vom Glupaklumpen sehe", sagte Ronja, „dann weiß
ich, dass es lebensgefährlich wird."

Der Glupaklumpen war eine große Klippe mitten
im Fluss, ein Stück vom Wasserfall entfernt. Für
Ronja und Birk war er das Warnzeichen. Jetzt muss-
20 ten sie ans Ufer, und das war schwer und mühsam.

Keuchend und blau gefroren lagen sie dann auf
einem Felsen, wärmten sich in der Sonne und sahen
abwesend, neugierig, gelangweilt den Fischottern
zu, wie sie unermüdlich dicht am Ufer schwammen
25 und tauchten. (...)

„An solchen lauen Sommerabenden ist Reiten
schön", sagte Ronja. Und sie dachte: Warum kann
es im Wald nicht immer Sommer sein? Und warum
kann ich nicht immer froh sein?

30 Sie liebte doch ihren Wald mit allem, was es darin
gab. Alle Bäume, alle kleinen Seen und Weiher und
Bäche, an denen sie vorüberritten, alle bemoosten
Hügel, alle Stellen, wo Walderdbeeren und Blau-
beeren wuchsen, alle Blumen, alle Tiere und Vögel.
35 Warum war ihr nur manchmal so traurig zumute,
und warum musste es einmal Winter werden? (...)

Ewig währte der Sommer nicht, das wusste er,
und das wusste Ronja. Doch jetzt begannen sie zu
leben, als wäre es so, und so gut es ging, schoben sie
40 alle *quälenden, lustigen, angenehmen* Wintergedan-

ken fort. Jede Stunde, vom Morgengrauen bis zur Dämmerung und Nacht, wollten sie diesen Sommer genießen. Die Tage mochten kommen und gehen, sie lebten in einem *Frühlingsrausch, Sommerrausch, Farbenrausch,* ohne sich Sorgen zu machen. Noch hatten sie eine kurze Zeit für sich.

„Und nichts soll uns die verderben", sagte Birk.

Darin stimmte Ronja ihm zu.

„Ich sauge den Sommer in mich ein wie die *Wildschweine, Wildbienen, Füchse* den Honig", sagte sie. „Ich sammle mir einen großen Sommerklumpen zusammen, und von dem werde ich leben, wenn … wenn es nicht mehr Sommer ist. Und weißt du, woraus der besteht?"

Und sie erzählte es Birk.

„Es ist ein einziger großer Kuchen aus Sonnenaufgängen und Blaubeerreisig mit reifen Beeren und Sommersprossen, die du auf den Armen hast, und abendlichem *Sonnenschein, Regenbogen, Mondschein* über dem Fluss und Sternenhimmel und Wald in der Mittagshitze. Voll von *Schnee, Frost, Sonnenlicht* auf den Fichten und kleinen Regenschauern und all so was. Und voller Eichhörnchen und Füchse und Hasen und Elche und dazu alle Wildpferde, die wir kennen. Und auch noch unser Schwimmen und Reiten im Wald, ja, da hörst du, dass mein großer Kuchen aus allem besteht, was Sommer ist."

„Eine tüchtige Sommerbäckerin bist du", sagte Birk. „Mach nur weiter so!"

Von früh bis spät waren sie in ihrem Wald. Sie fischten und jagten, das mussten sie für ihren Unterhalt, doch sonst lebten sie friedlich mit allem Getier. Sie wanderten weite Wege, um Rehe und Füchse und Vögel zu beobachten, sie *rannten, kletterten, gingen* auf Berge und Bäume, sie ritten, und sie schwammen in kleinen Waldseen, wo keine Druden sie störten – und die Sommertage gingen dahin.

---

2 An manchen Stellen findest du in diesem Text in Form von *kursiv* gedruckten Wörtern mehrere Begriffe zur Auswahl.
- Lies den Text nun noch einmal.
- Entscheide dich beim Lesen jeweils für das Wort, das dir am besten zu passen scheint. Die anderen Wörter streichst du durch.

Der Sprung

Leo N. Tolstoi

Ein Schiff kehrte von der Weltumseglung zurück. Es herrschte stilles Wetter, und alles war an Deck. Bei den Mannschaften trieb sich ein großer Affe herum, an dem alle ihren Spaß hatten. Er machte drollige Faxen und Sprünge, schnitt komische Grimassen und äffte die Menschen nach. Man
5 sah ihm an, dass er wusste, welchen Spaß er den Menschen bereitete, und wurde deshalb noch ausgelassener.

Plötzlich sprang er auf einen zwölfjährigen Knaben zu, den Sohn des Kapitäns. Er riss ihm die Mütze herunter, setzte sie sich auf den Kopf und kletterte flink den Mast hinauf. Alle lachten, nur der Junge wusste
10 nicht, ob er weinen oder lachen sollte. Der Affe setzte sich auf den ersten Querbalken des Mastes, nahm die Mütze ab und machte sich daran, sie mit den Pfoten und Zähnen zu zerreißen. Es war, als necke er den Knaben. Er zeigte mit den Fingern auf ihn und schnitt dabei drollige Fratzen. Der Knabe drohte ihm mit der Faust, doch der Affe zerrte noch wütender an
15 der Mütze. Die Matrosen lachten noch lauter; der Knabe wurde rot, warf seine Jacke ab und stürzte dem Affen auf den Mast nach. In wenigen Sekunden hatte er die erste Rahe[1] erklommen. In dem Augenblick aber, als er schon glaubte, die Mütze fassen zu können, war der Affe flinker und kletterte noch höher hinauf.

20 „Du entgehst mir doch nicht!", rief der Knabe und kletterte noch höher. Der Affe lockte ihn wieder zu sich und kletterte höher. Den Knaben hatte der Zorn gepackt, und er blieb ihm auf den Fersen. So erreichten die beiden in kürzester Zeit die Spitze des Mastes. Ganz oben streckte sich der Affe in seiner ganzen Länge aus, hielt sich mit der Hinterpfote an einem
25 Tau fest und hängte die Mütze ans Ende der letzten Rahe. Er selbst erklomm die Mastspitze, schnitt dort Grimassen, fletschte die Zähne und freute sich. Die Entfernung vom Mast bis zum Ende der Rahe, an der die Mütze hing, betrug etwa drei Meter, sodass man die Mütze nicht erreichen konnte, ohne den Mast und das Tau loszulassen.

30 Die Menschen an Deck hatten bisher zugeschaut und über den Affen und den Sohn des Kapitäns gelacht. Als sie aber sahen, dass der Knabe auch das Tau losließ und mit ausgebreiteten Armen auf die Rahe trat, erstarrten sie vor Schreck. Er brauchte nur einen Fehltritt zu tun, um abzustürzen und an Deck zerschmettert liegen zu bleiben. Aber selbst, wenn
35 es ihm gelingen würde, bis zum Ende der Rahe zu kommen und die Mütze zu ergreifen, so würde es ihm schwerfallen, umzukehren und zum Mast zurückzugelangen.

Alle starrten stumm hinauf und warteten. Plötzlich stieß jemand einen Schreckensschrei aus. Der Knabe kam durch diesen Schrei zu sich, blickte
40 hinunter und wankte. In diesem Augenblick trat der Kapitän aus der Kajüte. Er hatte ein Gewehr in der Hand, um Möwen zu schießen. Er sah seinen Sohn auf dem Mast, hob das Gewehr, zielte auf den Knaben und rief: „Ins Wasser! Spring sofort ins Wasser! Sonst erschieße ich dich!"

Der Knabe wankte, verstand ihn aber nicht. „Spring oder ich schieße!
45 Eins ... zwei ..." – Als der Vater „drei" gerufen hatte, sprang der Knabe

[1] die Rah, *auch* die Rahe: Rundstange, die quer zur Fahrtrichtung am Mast eines Segelschiffes angebracht ist

von der Rahe kopfüber ins Wasser. Die Wellen waren noch nicht über ihm zusammengeschlagen, als auch schon zwanzig Matrosen ins Meer gesprungen waren. Etwa vierzig Sekunden später – sie erschienen allen unendlich – kam der Knabe zum Vorschein. Er wurde an Bord gezogen.
50 Wenige Minuten später floss ihm das Wasser aus Mund und Nase, und er begann zu atmen.

Als der Kapitän das sah, schrie er plötzlich auf, als wenn ihn etwas würgte, und stürzte in seine Kajüte, damit niemand sehen sollte, dass er weinte.

1 Der Affe macht sich einen Spaß daraus, den Jungen zu ärgern.
Lies in den Zeilen 7–26 nach und markiere entsprechende Textstellen.

2 Zu welcher gefahrvollen Aktion lässt sich der Junge provozieren?
In welcher Zeile findest du diesen Hinweis?

_____

3 In Zeile 30–37 spitzt sich die Situation zu. Was genau macht der Junge jetzt?
Warum ist diese Situation für ihn so gefährlich?

_____

_____

_____

4 Der Junge ärgert sich so sehr über den Affen, dass er sich der Gefahr,
in der er schwebt, gar nicht bewusst ist.
• In welchem Augenblick kommt er erst zu sich?
• Lies in Zeile 38–43 nach und markiere die entsprechende Textstelle.

5 Welche Erklärung hast du für die Reaktion des Kapitäns, als er seinen Sohn oben auf der Rahe erblickt?

_____

_____

_____

6 Zu guter Letzt wird der Junge gerettet. Und der Kapitän? Weshalb schreit der Kapitän auf
und stürzt in seine Kabine, damit niemand sein Weinen sieht? Schreibe deine Meinung dazu auf.

_____

_____

_____

_____

→ **Eine Sage zum Vorlesen vorbereiten**

M

Vorlesezeichen

Zur Vorbereitung des Vorlesens dienen „Vorlesezeichen":
Wo man eine kleine Pause macht, zieht man einen einfachen Pausenstrich (|),
wo man mit der Stimme zur Ruhe kommt, zieht man einen doppelten Pausenstrich (‖).
Wörter, die man betonen möchte, werden <u>unterstrichen</u>.
Betonung fördert das **Verstehen**. **Pausen** erhöhen die **Spannung**.

1 Lies dir die folgende Sage zunächst einmal leise durch.

Der Riesenfinger

nach den Brüdern Grimm

Vor <u>vielen</u> Hundert <u>Jahren</u> | lebte am Strand der <u>Saale</u>, | in der Nähe
von <u>Jena</u>, | ein wilder und böser <u>Riese</u>, | der die <u>Landleute</u> und <u>Ritter</u> |
arg <u>belästigte</u>. ‖ Oben auf den <u>Bergen</u> | hielt er seine <u>Mahlzeiten</u>, | und auf
der <u>Burg</u> des <u>Landgrafen</u> | heißt noch <u>heute</u> | ein großes <u>Loch</u> im Burghof |
5 „der <u>Löffel</u>", | weil der <u>Riese</u> dort | nach dem <u>Essen</u> | seinen <u>Löffel</u> fallen ließ. ‖

Dieser Riese war auch gegen seine Mutter voller Bosheit.
Wenn sie ihm Vorwürfe über sein wüstes Leben machte, so
schrie er sie an. Danach trieb er es mit den Menschen nur
noch schlimmer. Für ihn waren sie nichts als Zwerge.

10 Einmal, als ihn seine Mutter wieder ermahnte, wurde er so
wütend, dass er mit den Fäusten nach ihr schlug. Doch bei
dieser Untat verfinsterte sich der Tag zu schwarzer Nacht, ein
Sturm zog daher, und der Donner krachte so fürchterlich, dass
der Riese niederstürzte. Bald darauf fielen die Berge über ihn
15 her und bedeckten ihn. Aus dem Grab aber wuchs sein kleiner
Finger heraus.

Dieser Finger ist ein hoher, schmaler Turm auf einem Berg,
den man heute den „Fuchsturm" nennt.

2 Lies dir nun den ersten Absatz langsam und deutlich selbst vor.
Mache Pausen, wo Pausenstriche stehen, und hebe die
unterstrichenen Wörter durch Betonung hervor.

3 Lies die anderen Absätze halblaut vor dich hin.
Trage selbst Pausenstriche ein und unterstreiche die Wörter,
die du betonen möchtest.

4 Lies dir dann den ganzen Text noch einmal deutlich vor.
Überprüfe dabei, ob du die Zeichen auch richtig gesetzt hast.

→ Ein humorvolles Gedicht vortragen

Vortragen

Vortragen heißt: etwas so gut wie möglich auswendig zu können. Das Wichtigste dabei ist, dass die Zuhörer Vergnügen an einem Vortrag haben. Deswegen muss man langsam, deutlich und spannend sprechen und die Zuhörer dabei anschauen.

M

Die polyglotte[1] Katze

Heinz Erhardt

Die <u>Katze</u> sitzt vorm <u>Mauseloch</u>, ↗
in das die <u>Maus</u> vor Kurzem <u>kroch</u>, |
und <u>denkt</u>: | „Da <u>wart</u>' nicht lang ich, ↗
die <u>Maus</u>, | die <u>fang</u> ich!" ‖

5 Die Maus jedoch spricht in dem Bau:
„Ich bin zwar klein, doch bin ich schlau!
Ich rühr mich nicht von hinnen[2],
ich bleibe drinnen!"

Da plötzlich hört sie – statt „miau" –
10 ein laut vernehmliches „Wau, wau"
und lacht: „Die arme Katze,
der Hund, der hat se!
Jetzt muss sie aber schleunigst flitzen,
anstatt vor meinem Loch zu sitzen!"

15 Doch leider – nun, man ahnt's bereits –
war das ein Irrtum ihrerseits,
denn als die Maus vors Loch hintritt –
es war nur ein ganz kleiner Schritt –,
wird sie durch Katzenpfotenkraft
20 hinweggerafft.

<u>Danach</u> wäscht sich die Katz die <u>Pfote</u> |
und <u>spricht</u> | mit der ihr <u>eignen Note</u>[3]: ↗
„Wie <u>nützlich</u> ist es dann und wann, ↗
wenn man 'ne fremde <u>Sprache</u> kann …!" ‖

[1] polyglott: jemand, der mehrere Sprachen beherrscht
[2] von hinnen: von hier weg
[3] mit der ihr eignen Note: in der ihr eigenen Art

1 Lies das Gedicht mehrere Male durch. Sprich es dabei vor dich hin.

2 Lies dir die erste und die letzte Strophe so vor, wie sie mit „Vorlesezeichen"
ausgezeichnet sind: kurze Pause (|), längere Pause (‖),
die Stimme nicht absinken lassen (↗), Wörter, die du <u>betonen</u> musst.

3 Zeichne in die übrigen Strophen deine „Vorlesezeichen" ein. Probiere dabei aus,
ob es sich gut anhört, wenn du die <u>unterstrichenen</u> Wörter betonst.

1 Lies dir die folgende Geschichte erst einmal durch.
Sie ist noch nicht wirklich gruslig.
Überlege dir für eine Gruselgeschichte passende Wörter
und setze sie in die Lücken ein. Wenn du möchtest,
kannst du dir Wörter aus der „Gruselkiste" auswählen.

Eine unheimliche Nacht

Meine Geburtstagsüberraschung war diesmal eine Nacht in einem Gruselhotel

auf der „Hexenburg". Zuerst wurde mir und meiner Schwester Katrin ein üppiges

Abendessen serviert. Wir waren gerade dabei, die leckere Eistorte anzuschneiden,

als das Licht zu flackern begann und wir kurz darauf völlig im Dunkeln blieben.

5 Wir rückten immer enger zusammen. Bald erklangen aus der Ferne seltsame

_____.

Ein Rumpeln und Poltern, so als kämen _____

Ungeheuer auf die Burg zu. Jedes Mal, wenn es gegen die Wände krachte, zuckten

wir _____ zusammen. „Sind die Türen fest ver-

10 schlossen?", flüsterte Katrin. Ich nickte, aber ich hätte mich nicht gewundert, wenn

uns das nichts genützt hätte. Ein _____ Pfeifen

beendete unsere Unterhaltung, und Blitze stürzten von der Decke auf uns nieder.

Zaghaft bewegten wir uns auf die Fenster zu. Ein _____

Unwetter war ausgebrochen.

15 Hagelkörner peitschten gegen die Scheiben. Das war wohl doch nicht so eine

gute Idee gewesen mit dem Gruselhotel. Ob wir hier je wieder heil hinaus-

kommen würden? Wir konnten uns nicht erinnern, jemals so eine lange und

_____ Nacht erlebt zu haben. Mein Herz klopfte

wie verrückt. Auf einmal _____!

20 Doch nach kurzer Zeit ging es wieder los. Ein Krachen erschütterte den

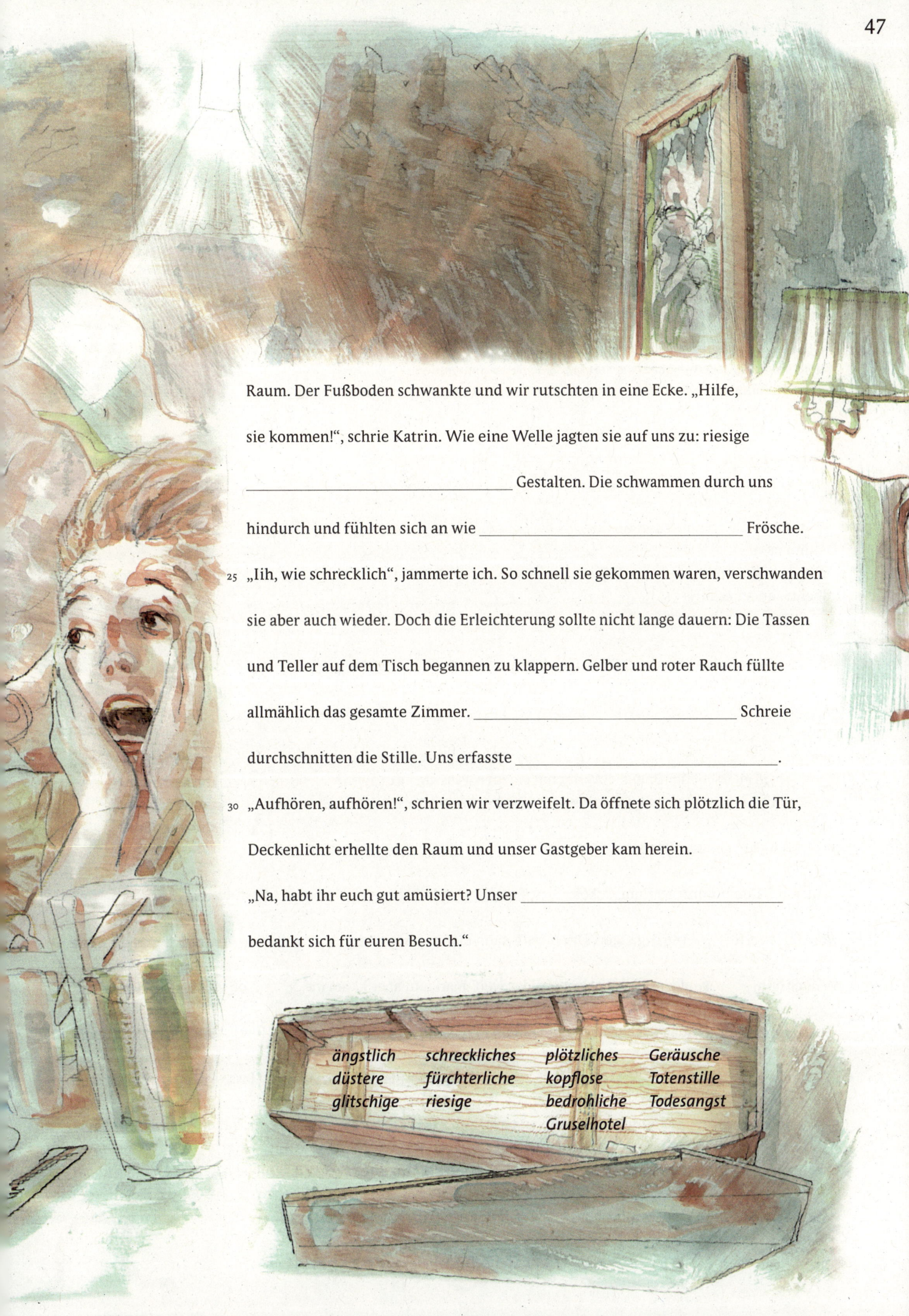

Raum. Der Fußboden schwankte und wir rutschten in eine Ecke. „Hilfe,

sie kommen!", schrie Katrin. Wie eine Welle jagten sie auf uns zu: riesige

_____ Gestalten. Die schwammen durch uns

hindurch und fühlten sich an wie _____ Frösche.

25 „Iih, wie schrecklich", jammerte ich. So schnell sie gekommen waren, verschwanden

sie aber auch wieder. Doch die Erleichterung sollte nicht lange dauern: Die Tassen

und Teller auf dem Tisch begannen zu klappern. Gelber und roter Rauch füllte

allmählich das gesamte Zimmer. _____ Schreie

durchschnitten die Stille. Uns erfasste _____.

30 „Aufhören, aufhören!", schrien wir verzweifelt. Da öffnete sich plötzlich die Tür,

Deckenlicht erhellte den Raum und unser Gastgeber kam herein.

„Na, habt ihr euch gut amüsiert? Unser _____

bedankt sich für euren Besuch."

ängstlich	schreckliches	plötzliches	Geräusche
düstere	fürchterliche	kopflose	Totenstille
glitschige	riesige	bedrohliche	Todesangst
		Gruselhotel	

→ Zwei Arten von h

M

Regeln für die Schreibung von Wörtern mit Dehnungs-h und mit silbentrennendem h

1. Ein **Dehnungs-h** kann nur nach einem **langen Vokal** und **vor den Buchstaben**
l, m, n, r vorkommen: *zahlen, nehmen, wohnen, fahren ...*

2. In Wörtern, die mit **sch, t, kr, gr, sp** beginnen, kann es aber **niemals** stehen:
Schalen, Türen, Krümel, grün, spülen ...

3. Ein **silbentrennendes h** steht zwischen dem **langen Vokal der ersten Silbe** und
dem **Vokal der zweiten Silbe** und trennt die beiden voneinander:
we-hen, blü-hen, na-he ...

höher, mehr, ohne, Reihe, ruhig, Schuhe, sehr, wahr, Zahl, Zehen

1 Ordne die Wörter ein:

Dehnungs-h: _____

silbentrennendes h: _____

2 Schreibe weitere Wörter mit Dehnungs-h auf, die du kennst:

_____

3 Ergänze im folgenden Brief die Wörter mit einem **h**. Pass aber gut auf!
Denn in zwei Wörtern mit einer Linie _____ kommt kein h vor!

Se_____r gee_____rter Meister,

in meinem Computerprogramm ist kein _____ me_____r da. Sie se_____en es ja selbst. Es ist

wo_____l verlo_____ren gegangen. Das meiste kann man trotzdem se_____r gut lesen, denn

Wörter mit _____ sind zum Glück selten. Leider weiß man nun aber kaum me_____r, ob von

Wal oder Wa_____l, malen oder ma_____len die Rede ist. Der Computer ma_____lt mir statt dem

_____ immer nur so eine blöde Linie. Ne_____men Sie sich das Ding einmal vor und bringen Sie

es wieder in Ordnung. Der Leser soll ja gut verste_____en und keine Mü_____e damit haben,

was ausgedruckt auf dem Papier ste_____t. O_____ne ein _____ im Programm kann man keinen

anständigen Text aufs Papier bringen.

I_____re Josefine Fox

→ Wörter mit ss und ß

Regeln für die Schreibung von Wörtern mit ss und ß:

1. Nach **langen Vokalen** und nach **au, äu, eu, ei** steht **ß**: *draußen, reißen, saßen* ...

2. Nach **kurzen Vokalen** steht **ss**: *lassen, vergessen, müssen* ...

M

lassen, fressen, das Schloss, der Fluss, auffressen, er floss, er frisst, er lässt, er schloss auf, flüssig, friss auf!, geflossen, gelassen, geschlossen, lässig, verschlossen

1 In dieser Wörterliste befinden sich Wörter aus vier Wortfamilien. Ordne sie.

lassen: _____

fressen: _____

Schloss: _____

Fluss: _____

2 Auch die folgenden Wörter gehören zu diesen Wortfamilien. Sie haben aber alle einen langen Vokal. Deswegen werden sie mit ß geschrieben.
  • Ergänze zunächst den s-Laut.
  • Schreibe die Wörter dann in die Zeilen aus Aufgabe 1 hinein.

lie_____, flie_____t, fra_____, schlie_____t

3 Schreibe im nächsten Text **ß** oder **ss** in die Lücken hinein.
Ergänze in den Klammern die passende Ziffer der Regel aus dem Kasten.

Der Wetterfrosch

Früher besa_____ (_____) mancher zu Hause einen Frosch. Der sa_____ (_____) in einem gro_____en

(_____) Glas. Unten war Wa_____er (_____) und frisches Moos drin. Eine kleine Leiter führte nach oben.

War das Wetter kalt und hä_____lich (_____), dann hatte der Frosch auch keinen Spa_____ (_____) an

seinem Beruf und lie_____ (_____) sich unten auf dem Boden nieder.

Wenn sich aber das Wetter änderte, dann wurde er unruhig und mu_____te (_____) in dem Gefä_____

(_____) auf der Leiter unbedingt nach oben klettern. Wenn also der Frosch loskletterte und dann ganz oben

auf der Leiter sa_____ (_____), dann wu_____te (_____) man, dass das Wetter ein bi_____chen (_____)

be_____er (_____) werden und die Sonne vielleicht bald hei_____ (_____) vom Himmel strahlen würde. Aber

nur vielleicht! Denn ganz genau lie_____ (_____) sich auch mit dem Frosch das Wetter nicht vorhersagen.

→ Wörter mit s und ß

M

Regeln für die Schreibung von Wörtern mit s und ß:

1. Der **stimmhafte s-Laut** wird immer als **s** geschrieben:
 rei-sen, Flie-sen, sau-sen ...

2. Der **stimmlose s-Laut** wird nach langen Vokalen als **ß** geschrieben:
 rei-ßen, flie-ßen, drau-ßen ...

Verlängert man kurze Formen der Wörter wie *niest* oder *heißt*, dann kann man hören,
ob der Laut stimmhaft oder stimmlos ist: *niest → nie-sen, heißt → hei-ßen ...*

1 Setze in die Lücken **s** oder **ß** ein. Wenn du unsicher bist, verlängere die Wörter:
 weist → weisen, weißt → weißen ...

Der Wegweiser wei_____t den Weg.

Der Maler wei_____t die Wand.

Die Familie rei_____t an die Ostsee.

Das Kind rei_____t Papier zu Schnitzeln.

„Lie_____ das mal vor!", sagte die Lehrerin.

Das lie_____ sich Paula nicht zweimal sagen.

Der Krei_____ ist rund.

Der Sommer ist hei_____.

Mein Urgroßvater hie_____ Jonathan.

Der Wind blie_____ heftig.

Das Gla_____ ist leer.

Jetzt hört der Spa_____ aber auf!

2 Setze in die Lücken des folgenden Textes **s** oder **ß** ein. Wenn du unsicher
 bist, verlängere die Wörter oder schau in einem Wörterbuch nach.

Der Wetterfrosch – noch einmal anders

Früher besa_____ mancher zu Hause einen Frosch. Der sa_____ in einem gro_____en Gla_____. Unten war

Wasser, Kie_____ und frisches Moo_____ drin. War es kalt und regnerisch, sodass so manch einer hustete

oder nie_____te, dann hatte der Frosch auch keinen Spa_____ am Wetter und lie_____ sich unten auf dem

Boden nieder und dö_____te. Wenn aber das Wetter besser werden wollte, dann wurde er unruhig und klet-

terte in dem Gefä_____ auf einer Leiter nach oben. Er blie_____ sich auf und quakte manchmal sogar. Wenn

also der Frosch lo_____kletterte und dann ganz oben auf der Leiter sa_____, la_____ man daraus ab, dass das

Wetter besser werden und die Sonne am nächsten Tag vielleicht hei_____ vom Himmel strahlen würde. Aber

nur vielleicht! Denn ganz genau lie_____ sich auch mit dem Frosch das Wetter nicht vorhersagen.

→ Wörter mit ä und äu

Wörter mit ä und äu

Die allermeisten Wörter mit dem Umlaut **äu** haben Wortverwandte mit **au**:
Verkäuferin → kaufen, träumen → Traum ...

Viele Wörter mit dem Umlaut **ä** haben Wortverwandte mit **a**:
kräftig → Kraft, erzählen → Zahl ...

Man kann also Wörter mit **äu** und **ä** oft von anderen mit au und a **ableiten**.

Verse zum Ableiten und Einsetzen

Zu l_____ten gibt es laut,

zu Kr_____ter gibt es _____ .

Zu Str_____cher gibt es Strauch,

zu B_____che gibt es _____ .

Zu sch_____men gibt es Schaum,

zu tr_____men gibt es _____ .

Zu M_____ler gibt es _____ ,

jedoch zur S_____le keinen Saul.

Von Bach stammen die B_____che,

von schwach stammt die Sch_____ .

Von backen stammt das Ge_____ ,

von packen das _____ .

Von Kraft stammen die _____ ,

von Saft stammen die _____ .

Die M_____dchen aber nicht von Maden

und auch der Sch_____del nicht von Schaden.

1 Sprich diese Verse vor dich hin.
Setze dann **äu** oder **ä** ein oder schreibe die Wörter vollständig auf.

Ein vertraumtes Madchen

Es ist wie im Marchen: Ein Madchen traumt standig
vor sich hin. Es scheint so, als höre sie nicht das ge-
ringste Gerausch. Standig hat sie ihre Auglein geschlossen. Aber denkt ja nicht, dass sie betaubt ist oder
schlaft! Sie traumt eben nur, und zwar von einem Pony,
das sie aufgezaumt hat und mit dem sie unter Baumen
und durch Wiesen reitet und über Bache, Zaune und
Straucher springt. Wenn man dieses Madchen an-
stupst, lachelt es nur und sagt: „Warum lasst du mich
nicht traumen!" Dann springt es auf und lauft weg.

2 Lies dir diesen Text erst so vor, wie er da steht.
• Markiere dann die Wörter, die eigentlich mit
  ä oder **äu** geschrieben werden müssten.
• Schreibe die Wörter richtig an den Rand.

_____

_____

_____

_____

_____

_____

_____

_____

_____

→ Wörter mit -lich, -ig, -isch

M

Wörter mit -lich, -ig, -isch

Die Wortbausteine **-lich, -ig, -isch** sind Kennzeichen für **Adjektive**.
Solche Adjektive stammen zum größten Teil von anderen Wortarten ab:
freundlich von *Freund, lustig* von *Lust, mürrisch* von *murren*.

Durch **Verlängerung** der Wörter kann man meistens **hören**, wie sie geschrieben werden:
freundlich – freundliche, lustig – lustige, mürrisch – mürrische.

ärger-   ehr-   französ-   fert-   freund-   fröh-   gefähr-   kom-   lust-
mürr-   mut-   neid-   regner-   richt-   ruh-   spött-   wen-   wirk-

1   Ergänze diese Wortbestandteile durch die Bausteine **-lich, -ig, -isch**.

Wörter mit -lich: **Wörter mit -ig:**   **Wörter mit -isch:**

_____   _____   _____

_____   _____   _____

_____   _____   _____

_____   _____   _____

_____   _____   _____

2   Bilde mit jeweils einem dieser Wörter Sätze, in denen das Adjektiv vor
einem Substantiv steht: *Der ehrliche Finder hat sich gemeldet.*

M

Manche Substantive enden auf *-el: Schimmel*. Das *-l* gehört hier
nicht zur Nachsilbe *-lich*, sondern zum Wortstamm. Man schreibt
also: *Nebel – nebelig*. Oft fällt das *-e-* auch weg: *neblig*.

3   Bilde aus diesen Substantiven Adjektive.   **Hügel – Stachel – Schimmel – Schwindel – Grusel – Ekel**

→ Wörter mit z / tz – Wörter mit k / ck

Regeln für die Schreibung von Wörtern mit z/tz und k/ck:

1. Nach **Konsonanten** wie *f, l, n, r …* steht nur **z** oder **k**: *Lefzen, Wolke, Kranz, Quark …*

2. Nach **langen Vokalen** und *au, äu, eu, ei* steht nur **z** oder **k**: *Kreuz, Laken, Heizung …*

3. Nur nach **kurzen Vokalen** kommen **tz** und **ck** vor: *Spatzen, Acker, Netz, Zucker …*

M

1 Setze im folgenden Text in die Lücken immer **k, ck, z** oder **tz** ein.
Achte dabei auf die Regeln im Kasten.

Klamau_____ auf dem Trape_____

Kür_____lich war ein Zir_____us aus der Schwei_____ bei uns auf dem Kreu_____berg. Dort traten drei

Künstler auf, die hoch oben im Zirkuszelt Scher_____e machten. Sie schau_____elten auf ihrem Bal_____en

hin und her, sprangen über Kreu_____ und pur_____elten aneinander vorbei, sodass das Publikum nur so

lachte und quie_____te. Der eine war als Opa mit angeklebtem Ba_____enbart verkleidet, der andere sah wie

ein Wi_____bold aus. Er griff immer absichtlich daneben, sodass der Alte mit gesprei_____ten Armen und

Beinen an ihm vorbeisauste und in das ausgespannte Ne_____ fiel. Und dann war da noch ein junges Mädchen

in schi_____en La_____hosen. Wenn die zum Sprung anse_____te, dann nahmen die anderen oben auf ihrem

Pla_____ keinerlei Noti_____ von ihr. Mit lautem Gequä_____e raste sie durch die Luft auf den Alten zu, der

sie eigentlich auffangen sollte. Doch der saß oben auf seinem Brettersi_____ und tat gar nichts. Er ni_____te

nur und das Mädchen flog plö_____lich an ihm vorbei und – pardau_____ – stür_____te hinunter ins

Ne_____. Dort wäl_____te sie sich herum.

2 Setze auch hier **z/tz** oder **k/ck** ein und schreibe die Zahl
der Regel im Kasten dahinter.

Die Trommeln und Pau_____en (_____) ertönten dazu so entse_____lich (_____) laut,

dass einem grausen konnte. Die drei machten einen so mer_____würdigen (_____) Ein-

dru_____ (_____), dass man den_____en (_____) konnte, sie ti_____ten (_____) nicht

richtig. Das Gan_____e (_____) war wie ein Spu_____ (_____). Am Ende bekamen sie

vom Publikum tro_____dem (_____) viel Applaus.

→ **Wörter mit end- und ent-**

M

Wörter mit end- und ent-

Der Wortstamm **end-** hat immer etwas mit dem Wort **Ende** zu tun.
Wörter, die mit **end-** zusammengesetzt sind, werden immer auf dem **end-** betont:
*die **End**runde, **end**los.*

Das Präfix (die Vorsilbe) **ent-** hat etwas mit *fort, weg* zu tun.
In Wörtern mit **ent-** ist das **ent-** unbetont: *die **Ent**täuschung, **ent**fernen.*

1 Welche der folgenden Wörter
können mit **End-**, welche mit
Ent- gebildet werden?
Schreibe die Wörter richtig auf.
*Summe, Deckung, Täuschung,
Ergebnis, Geschwindigkeit,
Reim, Lüftung, Wässerung,
Tarnung, Scheidung, Station,
Kampf*

Wörter mit End-:

_____

_____

_____

_____

_____

_____

Wörter mit Ent-:

_____

_____

_____

_____

_____

_____

2 Suche aus dem Wortgitter rechts
Wörter mit **ent-/end-** heraus.

3 Trage die gesuchten Wörter,
die mit **end-** oder mit **ent-**
beginnen, in die Lücken der
folgenden Sätze ein.

A	L	E	N	D	R	E	I	M	V	E	R
W	X	N	O	H	K	L	M	A	C	N	T
V	F	T	Ö	P	Y	Z	Ü	G	I	D	L
E	N	D	R	U	N	D	E	B	Q	S	V
B	J	E	D	A	G	Ä	F	R	X	U	M
S	T	C	H	G	N	J	V	W	Z	M	O
Q	Y	K	X	H	N	U	S	R	Ü	M	T
L	V	U	C	B	Y	O	A	E	V	E	P
I	X	N	L	J	S	N	Z	Ö	A	S	H
C	V	G	M	X	R	D	U	F	E	W	Ü
N	T	S	H	P	Q	W	Y	Z	J	K	B
E	N	T	T	Ä	U	S	C	H	U	N	G

a) Wenn am Ende zwei Wörter gleich

lauten (z. B. *fern – gern*), nennt man das

_____ .

b) Wenn jemand etwas herausfindet, das noch niemand vorher herausfand,

hat er eine _____ gemacht.

c) Der Handwerker berechnet die _____ für alle ausgeführten Arbeiten.

d) Wenn ein Wunsch nicht erfüllt wird, erlebt man eine _____ .

e) Die besten 24 Nationalmannschaften stehen in der _____

der Weltmeisterschaft.

→ Die Großschreibung von Substantiven

Signale für die Großschreibung von Substantiven:

a) **Artikel / Pronomen** → Substantiv: *das* Pferd, *ein* Pferd, *unser* Pferd

b) **versteckter Artikel** → Substantiv: *im* Stall

c) **Adjektiv** → Substantiv: *helle* Ställe

d) **Artikel / Pronomen** und **Adjektiv** → Substantiv: *das neue* Pferd, *unser neues* Pferd

M

Ein Riesenpferd in Australien

a) Die durchschnittliche Schulterhöhe eines Pferdes beträgt 1,67 m.
b) In Australien gibt es aber ein Pferd, das 2,05 m misst.
c) Wenn man vor ihm steht, dann kann man schon große Angst bekommen.
d) Und auch über sein Gewicht kann man nur staunen: Es wiegt 1,5 t.

1 Unterstreiche in jedem Satz dieses Textes das Substantiv.
- Markiere die Signale für die Großschreibung der Substantive.
- Orientiere dich an den Angaben im Kasten oben.

2 Im folgenden Text sind 27 Substantive kleingeschrieben.
- Unterstreiche beim Lesen zuerst die Signale für die Großschreibung.
- Streiche dann den Anfangsbuchstaben durch und schreibe den Großbuchstaben darüber.

Seine _B besitzerin hat erkannt, dass sie dieses riesige pferd nicht einfach im stall stehen lassen kann. Deshalb

stellt sie es auf den verschiedensten pferdeshows zur schau. Zum transport wird ein besonderer anhänger

benötigt. Wenn „Noddy", so heißt der hengst, irgendwo von den leuten gesichtet wird, dann gibt es immer

einen großen auflauf. Aber die meisten menschen bleiben in einem respektvollen abstand vor ihm stehen. Die

besitzerin hat dafür volles verständnis.

Noddy gehört zur rasse der „Shire Horses". Mit einer schulterhöhe von durchschnittlich 170 bis 190 zenti-

metern und einem gewicht bis zu einer tonne sind sie die größte und schwerste pferderasse der welt. Noddys

statur kommt also nicht von ungefähr. Auch ein vorfahre von ihm stand schon einmal als größtes pferd der welt

im Guinnessbuch der rekorde. Er brachte es auf eine schulterhöhe von 1,95 m.

→ Aus Verben können Substantive werden

M

Aus Verben können Substantive werden

Stehen vor dem **Infinitiv** (Grundform) des Verbs der Artikel *das* oder versteckte Artikel wie *ans, beim, am, vom, im, ins, zum,* dann wird das Verb zum Substantiv und **großgeschrieben**:
Joshi fällt das Lernen leicht. Besonders gut ist er im Schreiben von Aufsätzen.

1 Füge in die Lücken der Satzpaare die rechts stehenden Verben ein. In jeweils einem der beiden Sätze wird das Verb zu einem Substantiv und muss großgeschrieben werden.

Im Turnverein

1a) Das _____ im Turnverein macht Anna viel Freude.

üben

1b) Heute muss sie den Handstand _____ .

2a) Ihr Trainer hat gesagt, dass sie ihre Arme und ihr Schwungbein noch weiter

vorschwingen

_____ muss.

2b) Vom _____ hängt es ab, ob sie

überhaupt in den Handstand kommt.

3a) Nur dann kann sie ihre Arme weit _____ und sich   *vorsetzen*
mit dem Standbein abdrücken.

3b) Nun trainiert sie 15 Minuten lang allein das weite _____
der Arme und das feste Abdrücken des Standbeins vom Boden.

4a) Danach muss Anna Arme und Hüfte so beugen, dass sie gut   *abrollen*

_____ kann.

4b) Zum _____ muss sie ihre Beine aber noch schneller
anhocken, um in den sicheren Stand zu kommen.

2 Entscheide, ob die Verben in der Klammer groß- oder kleingeschrieben werden müssen.

Als Carolin nach dem (schwimmen) _____ in die Umkleidekabine kommt,

ist sie erschrocken. Ihre Sachen (liegen) _____ auf dem Boden. Jemand hat sie beim

(durchwühlen) _____ achtlos dorthin geworfen. Zuerst ist Carolin

richtig zum (heulen) _____ zumute. Doch dann kann man ein (lächeln)

_____ auf ihrem Gesicht (sehen) _____ . Sie hat nämlich vor

dem (baden) _____ daran gedacht, ihre Wertgegenstände wegzuschließen.

→ Aus Adjektiven können Substantive werden

Aus Adjektiven können Substantive werden

M

Adjektive werden **großgeschrieben**, wenn sie allein als Substantive verwendet werden:

Uta trägt eine hellblaue Bluse.   *Das **H**ellblau steht ihr sehr gut.*
 Substantiv   Adjektiv als Substantiv

Folgende **Signale** weisen zusätzlich auf die Großschreibung von Adjektiven hin:
- **Artikel**:   *Dein Anruf war das **K**lügste, was du machen konntest.*
- **versteckter Artikel**:   *In dieser Sache tappten wir völlig im **D**unkeln.*
- Wörter wie **alles, nichts, etwas, viel**:   *Fällt dir etwas **B**esseres ein?*

1 Welche Adjektive sind zu Substantiven geworden? Markiere sie.
Unterstreiche die Signale für die Großschreibung.
Orientiere dich an den Angaben im Kasten oben.

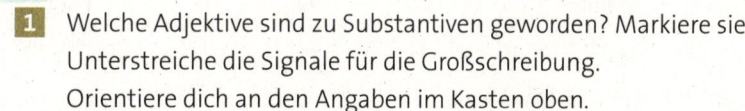

a) Die Nachrichten enthielten nicht <u>viel</u> Neues.
b) Nach dem Lottogewinn kaufte sich die Familie ein teures Auto.
c) Ohne zu zögern, sprang Maria ins kalte Wasser.
d) Am Wochenende macht die Familie eine Fahrt ins Blaue.
e) Tina war die beste Spielerin des Handballturniers.
f) Der neue Schüler in unserer Klasse kommt aus Hameln.
g) Unser Hund fühlt sich im Kalten sehr wohl.
h) So etwas Teures kann sich meine Freundin nicht leisten.
i) Gestern gab es den ganzen Tag blauen Himmel.
j) Das Beste an der Schülerdisco war der Karaoke-Wettbewerb.

2 Füge die Adjektive in die Lücken der Satzpaare ein. In einem Satz muss das Adjektiv
jeweils klein-, im anderen Satz jeweils großgeschrieben werden.
Markiere vor den großgeschriebenen Adjektiven die Signale.

a) Ich wünsche dir alles _____.   **GUT**

 Mesit hat seine Sache _____ gemacht.

b) Erst als es _____ wurde, konnten wir das Haus erkennen.   **HELL**

 Das Haus konnten wir erst im _____ erkennen.

c) Bei meiner Oma gibt es immer etwas _____ zu essen.   **LECKER**

 Für mich backt sie gerne eine _____ Erdbeertorte.

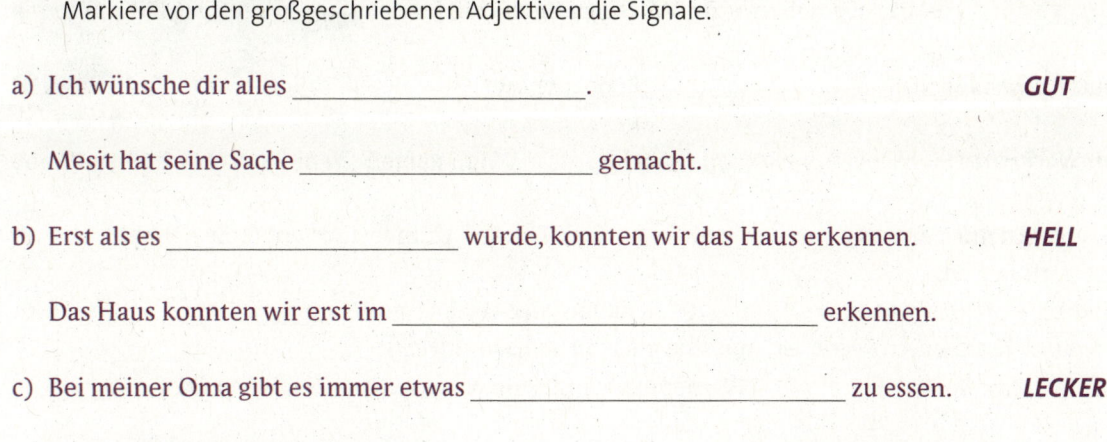

→ Groß- und Kleinschreibung von Zeitangaben

M

Groß- und Kleinschreibung von Zeitangaben

1. Folgende Zeitangaben werden immer **kleingeschrieben**:
vorgestern, gestern, heute, morgen (= der nächste Tag), übermorgen.

2. Folgende Zeitangaben werden immer **großgeschrieben**:
Morgen (= in der Frühe), Vormittag, Mittag, Nachmittag, Abend, Nacht.

3. Folgen zwei Zeitangaben hintereinander, so wird die zweite Zeitangabe
immer **großgeschrieben**: *gestern Morgen, morgen Nachmittag.*

1   Trage die Zeitangaben richtig in die Lücken ein. Schreibe die Zahl der Regel dahinter.

Anna musste HEUTE VORMITTAG _____ (_____) zum Röntgen gehen.

Sie war nämlich GESTERN _____ (_____) beim Handballspielen mit dem rechten Bein
umgeknickt.

Ich werde sie HEUTE NACHMITTAG _____ (_____) anrufen
und fragen, wie es ihr geht.

Wenn es ihr gut geht, werde ich ihr MORGEN MITTAG _____ (_____)
nach der Schule die Hausaufgaben bringen.

Bestimmt sehe ich auch ÜBERMORGEN _____ (_____) noch einmal nach ihr;
wir wollen doch auch mal ein bisschen miteinander quatschen.

M

Wenn vor Tageszeiten und Wochentagen **kein** Artikel oder Pronomen steht
und sie auf **-s** enden, werden sie kleingeschrieben:
*Max und Carl laufen **abends** immer quer durch den Stadtpark.*

2   Die folgenden großgeschriebenen Zeitangaben können auch
kleingeschrieben werden. Wie müssen sie dann lauten?
Füge die Zeitangaben in die Lücken ein.

a) Karla geht *jeden Dienstag* _____ zum Tanzen.

b) Tonio holt *am Nachmittag* _____ seine Schwester vom Hort ab.

c) Mein Vater sieht sich *jeden Sonntag* _____ mindestens ein Fußballspiel
auf unserem Sportplatz an.

d) Weil meine Mutter Krankenschwester ist, muss sie auch *an den Sonntagen* _____
arbeiten.

e) In vielen Ländern haben die Geschäfte *in der Nacht* _____ geöffnet.

→ Das Komma zwischen Haupt- und Nebensatz

M

Das Komma zwischen Haupt- und Nebensatz

Nebensätze werden durch **Kommas** abgetrennt. Sie können **vor** oder **nach** einem Hauptsatz stehen. Nebensätze reichen **von einer Konjunktion am Anfang** bis zum **Prädikat am Ende**:

Nachgestellter Nebensatz: *Kati wünscht sich so sehr,* **dass** *sie einen Computer* <u>bekommt</u>.
Vorausgestellter Nebensatz: <u>Seit</u> *sie einen eigenen Computer* <u>besitzt</u>, *verbringt Kati viel Zeit zu Hause.*

Wenn der Nebensatz vor dem Hauptsatz <u>steht</u>, <u>stoßen</u> zwei Verben aneinander.

Gewitter

Als wir gestern Abend auf der Terrasse saßen zogen plötzlich schwarze Wolken auf. Mir war ein bisschen ängstlich zumute als die ersten Blitze zu sehen waren. Meine Mutter sagte zu mir dass ich keine Angst haben müsse. Mein Vater aber erzählte dass er einmal fast von einem Blitz erschlagen wurde. Das tröstete mich nun gar nicht als die Blitze immer näher kamen. Ich fürchtete mich nun so sehr dass ich mich an meine Mutter kuschelte. Als das Gewitter vorübergezogen war war ich richtig erleichtert.

1 Unterstreiche zunächst die Konjunktionen und die Verben am Ende der Nebensätze.
Füge erst dann die Kommas ein.

2 Immer zwei Sätze gehören zusammen.
- Forme die *kursiv* gedruckten Sätze in Nebensätze um. Verwende dazu die Konjunktion, die danebensteht.
- Füge die Kommas zwischen Haupt- und Nebensatz ein.

Schlechtes Wetter

Der Himmel war wolkenverhangen. (obwohl)   Ich packte keinen Regenschirm ein.

_____

_____

Ich ging gerade durch die Bäckerstraße. (als)   Plötzlich gab es einen Platzregen.

_____

_____

Zum Glück blieb ich aber trocken.   *Ich konnte mich in einen Hauseingang retten. (weil)*

_____

_____

Ich konnte meinen Weg schon bald fortsetzen.   *Der Schauer war nach fünf Minuten vorbei. (da)*

_____

_____

→ Die Zeichen der wörtlichen Rede

M

Die Zeichen der wörtlichen Rede

Der **Redesatz** (die wörtliche Rede) steht in **Redezeichen** (Anführungszeichen).
Es gibt drei Muster wörtlicher Reden:

1. Reden mit vorausgestelltem Begleitsatz: Er sagte**:** „Es tut mir wirklich leid**!"**

2. Reden mit nachgestelltem Begleitsatz: „Es tut mir wirklich leid**!"**, sagte er.

3. Reden mit eingeschobenem Begleitsatz: „Es tut mir**"**, sagte er, „wirklich leid**!"**

Am Ende des **vorausgestellten** Begleitsatzes steht ein **Doppelpunkt**:
Der **nachgestellte** und der **eingeschobene** Begleitsatz werden durch **Kommas**
vom Redesatz abgegrenzt.

Was ist unfair?

Niklas sagt   „Wenn einer im Fußball einem Spieler ein Bein stellt   "
„Überhaupt – wenn einer sich nicht an die Regeln hält, das ist unfair   "   sagt Carla
„Mogeln beim Kartenspiel "   sagt Judith   „finde ich auch unfair   "

1   Hier sind die Redezeichen (Anführungszeichen) bereits angegeben.
Wohin gehören aber Komma, Punkt und Doppelpunkt?
Sieh dir die Regeln im Kasten an. Setze dann die Zeichen ein.

2   Im folgenden Gespräch fehlen alle Zeichen, die zu einer wörtlichen Rede gehören:
Punkte, Doppelpunkte, Kommas, Ausrufe-, Fragezeichen – und die Redezeichen
(Anführungszeichen).
- Setze alle fehlenden Zeichen ein.
- Schreibe die Zahl der Regel aus dem Kasten dahinter.

Ist Petzen eigentlich fair?

Tobias sagt   Wenn einer petzt, das finde ich unfair   _____

Petzen   protestiert Carla   das kann doch auch fair sein   _____

Das verstehe ich jetzt nicht   sagt Tobias   _____

Carla antwortet   Petzen, das ist so viel wie etwas verraten   _____

Gut   sagt Tobias   der Meinung bin ich auch   _____

Und wenn man einen Diebstahl verrät? Dann ist das doch fair   sagt Carla   _____

Darauf antwortet Tobias   Das würde ich nicht *petzen* nennen   _____

Sondern   fragt Carla   _____

Na, anzeigen zum Beispiel   sagt Tobias   _____

→ Was Substantive bezeichnen

Was Substantive bezeichnen

Substantive bezeichnen die Dinge der Welt. Im Einzelnen können sie
- **Lebendiges** bezeichnen: *das Tier, der Trainer, die Freundin ...*
- **Dinge** (Sachen, Naturerscheinungen) bezeichnen: *die Tasche, der Regen, das Gewitter ...*
- **Gefühle** und **Gedanken** bezeichnen: *die Furcht, der Spaß, das Vertrauen ...*

M

Hilfe für die Vögel

Lena und Felix stehen am Bushäuschen, um in die Schule zu fahren. Sie warten mit

Ungeduld darauf, dass nun endlich der Bus kommt. Heute fällt beiden am Wartehäus-

chen etwas auf. Auf seinen Scheiben kleben nämlich schwarze Greifvogelbilder. Die

Kinder stellen sich die Frage, welche Aufgabe diese Bilder haben. Felix sagt, dass sie

zum Schmuck da sind. Lena aber meint, dass sie bestimmt die Vögel davon abhalten

sollen, gegen die Scheiben zu fliegen. Sie hat damit recht. Und trotzdem passiert das

immer wieder. Dabei können sich die Vögel verletzen oder gar sterben. Seit Langem

wird eine neue Möglichkeit für den Schutz der Vögel ausprobiert. Man nutzt Netze

von Spinnen, weil von ihnen UV-Strahlen[1] ausgehen. Für uns Menschen sind diese

Strahlen unsichtbar. Vögel aber sehen sie besonders gut. Dadurch können sie das

Hindernis erkennen und fliegen an ihm vorbei – bestimmt auch zur Freude von Lena

und Felix.

[1] ultraviolette Strahlen

1 Markiere alle Substantive im Text. Was bezeichnen sie?
Suche für jede Möglichkeit mindestens drei Beispiele
und schreibe sie geordnet auf.

Lebendiges: _____

Dinge: _____

Gefühle, Gedanken: *Ungeduld* _____

→ Die vier Fälle

M

Die vier Fälle

Die Veränderung der Substantive nach den vier Fällen nennt man Deklination:

	Maskulinum	Femininum	Neutrum
Nominativ:	*Der nette Mann* hilft mir.	*Die nette Frau* hilft mir.	*Das nette Mädchen* hilft mir.
Akkusativ:	*Ich sehe*	*Ich sehe*	*Ich sehe*
	den netten Mann.	*die nette Frau.*	*das nette Mädchen.*
Dativ:	*Ich helfe*	*Ich helfe*	*Ich helfe*
	dem netten Mann.	*der netten Frau.*	*dem netten Mädchen.*
Genitiv:	*die Kleidung des Mannes*	*die Kleidung der Frau*	*die Kleidung des Mädchens*

Die vier Fälle erkennt man in der Regel an den Artikeln *den, dem, des*
und an den Endungen der Adjektive vor dem Substantiv.

1 In den Klammern des folgenden Textes stehen die Substantive und die dazugehörigen
Adjektive im Nominativ. Schreibe sie in den richtigen Fällen in die Zeilen hinein.

Zweierlei Kiwi

Bestimmt hast du schon einmal eine Kiwi gegessen. Dass Kiwis eine interessante Geschichte haben, sieht man

(die Früchte) _____ gar nicht an. Oder hast du gewusst, dass ihre Heimat gar

nicht in Neuseeland liegt, sondern dass sie aus China stammen? Erst zu Beginn des letzten Jahrhunderts kamen

die ersten Kiwi-Pflanzen nach Neuseeland. Sie gedeihen in *(das günstige Klima)* _____

_____, das in Neuseeland herrscht, sehr gut. Die meisten Kiwis, die heute überall

auf *(die ganze Welt)* _____ gegessen werden, kommen tatsächlich aus

Neuseeland. Der Name *Kiwi* ist allein *(seine Bewohner)* _____ zu

verdanken. Dafür gibt es *(ein guter Grund)* _____. Irgendjemand hatte

(die tolle Idee) _____, die Früchte nach *(das Wahrzeichen)*

_____ Neuseelands, nach *(der Laufvogel)* _____

_____ Kiwi, zu benennen. Heute verbindet jeder *(der gewählte Name)* _____

_____ mit Neuseeland. Auch bei uns nennt diese Frucht niemand mehr

„Chinesische Stachelbeere", wie es bis 1959 der Fall gewesen ist. Der Name *Kiwi* bezeichnet also sowohl

(der neuseeländische Laufvogel) _____

als auch *(die wohlschmeckende Frucht)* _____.

→ Der bestimmte und der unbestimmte Artikel

M

Der bestimmte und der unbestimmte Artikel

Wenn eine Person oder Sache das erste Mal in einem Text vorkommt, steht das Substantiv mit dem **unbestimmten** Artikel *(ein, eine)*. Er zeigt an, dass eine Person oder Sache noch **unbekannt** ist: *Ein Bauer besaß ein großes Feld ...*

Kommt diese Person oder Sache dann ein **zweites** Mal im Text vor, steht das Substantiv mit dem **bestimmten** Artikel *(der, die, das)*. Er zeigt an, dass eine Person oder Sache schon **bekannt** ist: *Als der Bauer einmal das Feld pflügte, sah er einen großen Diamanten ...*

1 Du sollst dich bei den nummerierten Substantiven entscheiden, welcher Artikel vor ihnen stehen muss – der unbestimmte oder der bestimmte. Streiche den unpassenden Artikel durch.

Irrlicht

Einst ging **1** *das/ein* Mädchen nach Hause und verirrte sich dabei. Plötzlich sah **2** *das/ein* Mädchen **3** *das/ein* Irrlicht, das aussah wie **4** *das/ein* Lebewesen. **5** *Das/Ein* Mädchen bat **6** *das/ein* Irrlicht, es nach Hause zu führen. Sie wollte dafür **7** *dem/einem* Irrlicht **8** *den/einen* Taler schenken. Sofort begann **9** *das/ein* Irrlicht, **10** *einem/dem* Mädchen vorauszuhüpfen. Bald waren sie zu Hause, aber **11** *das/ein* Mädchen verschwand, ohne **12** *dem/einem* Irrlicht **13** *den/einen* Taler gegeben zu haben. **14** *Das/Ein* Irrlicht lehnte sich an **15** *das/ein* Haus und ging nicht fort. Wo es stand, zeigte sich schnell **16** *der/ein* Brandfleck. Da bekam **17** *das/ein* Mädchen Angst und brachte **18** *dem/einem* Irrlicht **19** *den/einen* versprochenen Taler.

2 Schreibe in die Zeilen des folgenden Textes den unbestimmten oder den bestimmten Artikel hinein.

Der geschnitzte Phönix[1]

1 _____ Künstler wollte aus Holz **2** _____ Phönix, **3** _____ sagenhaften Vogel,

schnitzen. Zuerst zeichnete er **4** _____ Phönix im Umriss auf **5** _____ Stück Holz.

Dabei wurde **6** _____ Künstler von **7** _____ Nachbarn beobachtet. **8** _____

Nachbar spottete, dass **9** _____ Phönix eher wie **10** _____ Eule aussah. Auch andere

Nachbarn machten sich über **11** _____ hässlichen Vogel lustig. Dann aber war **12** _____

Phönix fertig, mit **13** _____ Krone, die wie **14** _____ Edelstein funkelte. **15** _____

Künstler hatte **16** _____ verborgenen Hebel angebracht. Den brauchte er nur zu drücken,

und schon begann **17** _____ Vogel zu fliegen. Alle Nachbarn lobten nun **18** _____ Künstler

und seinen wunderbaren Vogel.

[1] Vogel, der sich der Sage nach im Feuer verjüngt; Symbol der Unsterblichkeit

→ Relativpronomen

M

Relativpronomen

Relativpronomen beziehen sich auf ein Substantiv, das im vorausgegangenen
Satz steht. Dadurch wird das Substantiv genauer bestimmt.
Die häufigsten Relativpronomen sind *der (den, dem, dessen), die (der, deren),*
das (das, dem, dessen), die (denen, deren).
Sätze, die durch ein Relativpronomen eingeleitet werden, sind **Nebensätze**:
*Der Hund,   **der** in seiner Hütte lag,   knurrte.*
                    Nebensatz

Vor einem Relativpronomen kann manchmal noch eine Präposition stehen.
Sie setzt das Pronomen in einen bestimmten Fall:
*Der Hund,   vor **dem** ich weggelaufen bin,   sah gefährlich aus.*

1 Markiere in dem folgenden Text alle Relativpronomen und die
Substantive, auf die sie sich beziehen, farbig.

21, 22, 23 ... – jetzt donnert's

Kinder, die in der Ferne Blitze sehen, zählen gern
die Sekunden, bis sie den Donner hören. Die Dauer
des Schalls, der in einer Sekunde 330 Meter zurücklegt, sagt ihnen nämlich, wie weit das Gewitter
noch entfernt ist. Kommen sie beim Zählen auf
neun Sekunden, dann sind es nur noch drei Kilometer von der Stelle aus, an der die Kinder zählend
stehen. Wisst ihr übrigens, dass auf der Erde etwa
1 600 Gewitter gleichzeitig auftreten können, die
auf über 0,3 % der Erdoberfläche stattfinden? Für

ein Gewitter, das sich aufbaut, braucht es viel Wärme und Feuchtigkeit. Die Sonne, die auf die Erde
scheint, erwärmt die Luftschichten sehr schnell.
Die Luftschichten, die dadurch leichter werden,
steigen mit ihrer Feuchte in den Himmel und erreichen bald kältere Luftschichten. Dort bilden sich
Mini-Wassertropfen und damit die ersten Wolken,
die anfangs noch klein und weiß, dann aber dicker
und dunkler werden. Die Grundlage für ein Gewitter ist gelegt.

2 Schreibe in die Zeilen die passenden Relativpronomen im richtigen Fall ein.
An zwei Stellen muss vor dem Pronomen noch eine Präposition eingefügt werden.

Je wärmer es wird, desto stärker ist der Nachschub der feuchten Luftschichten. So bilden sich wahre

Wolkengebirge, **1** _____ manchmal über 10 000 Meter hoch sein können. In diesen Gebilden,

2 _____ Winde mit hohem Tempo steigen und fallen, ist sozusagen der Teufel los.

Beim Steigen reißen die Winde die Wassertropfen mit nach oben, **3** _____ dabei noch größer werden.

Dort oben herrscht eine Eiseskälte, **4** _____ aus den Wassertropfen auch Hagelkörner werden lässt.

Die Fallwinde reißen alles wieder nach unten. Wie in einem Fahrstuhl geht es mehrmals auf und ab.

Zwischen den Wolken und der Erdoberfläche kommt es zu einem großen Spannungsunterschied,

5 _____ dann Blitze entstehen, **6** _____ sich für alle sichtbar entladen.

→ Personal- und Possessivpronomen

Personal- und Possessivpronomen

Dies sind die **Personalpronomen**:
ich (mich, mir), **du** (dich, dir), **er** (ihn, ihm), **sie** (ihr), **es** (ihm), **wir** (uns), **ihr** (euch,) **sie** (ihnen)

Dies sind die dazugehörigen **Possessivpronomen**:

mein	**dein**	**sein**	**ihr**	**sein**	**unser**	**euer**	**ihr**
(meine)	(deine)	(seine)	(ihre)	(seine)	(unsere)	(eure)	(ihre)

Die Personalpronomen **ersetzen** die **Substantive** in einem Text:

In **Frau Meiers** Garten fliegt   **das kleine Spielzeugflugzeug**   von **Jakob**.
  Sie   *wirft*   *es*   *ihm*   *zurück.*
  Sie   *lächelt*   *ihn*   *freundlich an.*
                                                                 Er   *bedankt sich*
bei *ihr.*
  Sie   *sagt:*   *„Du*   *bist aber nett!"*

1 Schreibe in den folgenden Text die fehlenden Personalpronomen auf die blauen Linien und die Possessivpronomen auf die schwarzen Linien. Achte auf den richtigen Fall der Pronomen.

Ein Abenteuer der kleinen Hexe

Freitags dürfen Hexen nicht hexen. Daran hielt sich die kleine Hexe. Schon am Tag davor schloss **1** _____

2 _____ Besen weg, und auch **3** _____ Hexenbuch legte **4** _____ in den Tischkasten.

Aber an den Freitagen ging es **5** _____ gar nicht gut. Manchmal dachte **6** _____ : Wenn es nach

7 _____ Willen ginge, brauchte nur alle sechs Wochen ein Freitag zu sein. Das würde

8 _____ auch genügen. Während **9** _____ so nachdachte, klopfte es plötzlich an **10** _____ Tür.

11 _____ öffnete die Tür **12** _____ Hexenhauses. Vor der Tür standen ein Mädchen und

ein Junge. Sie grüßten freundlich und der Junge sagte: „Wir finden den Weg zu **13** _____

Haus nicht mehr und wollten **14** _____ fragen, ob **15** _____ **16** _____ nicht kennst." Die Hexe kannte

den Weg natürlich und lud die beiden in **17** _____ Haus ein. Trotz des Hexenverbots am Freitag schlug

18 _____ den Kindern vor, etwas zu hexen. Damit es niemand merkt, schloss sie die Läden

19 _____ Hexenhauses. Nun zauberte **20** _____ verschiedene Tiere herbei, ließ den Ofen

21 _____ schönstes Lied singen usw. Zum Schluss zauberte **22** _____ den Kindern sogar noch Steinpilze

in **23** _____ Korb und zeigte **24** _____ den Weg nach Hause.

→ **Anredepronomen in Briefen**

M

Anredepronomen in Briefen

Mit **Anredepronomen** spricht man Personen beim Schreiben von Briefen an.
Das Anredepronomen *Sie* und die dazugehörigen Formen *Ihnen, Ihre, Ihrer, Ihres, Ihren, Ihrem, Ihr*
werden in Briefen **großgeschrieben**: *Wir laden **Sie** und **Ihre** Kollegen herzlich zum Vortragsabend ein.*

Das Anredepronomen *du* und *ihr* sowie die dazugehörigen Formen *dich, dir, dein, deinen, deinem,
euch, eure, euren, eurem* werden **kleingeschrieben**.
Es ist aber auch kein Fehler, wenn du diese Anredepronomen großschreibst.

1 Im folgenden Brief werden Anna und Frau Scheumann zwölfmal angeredet.
Setze zuerst für Anna das Anredepronomen im richtigen Fall in roter Farbe
in die Zeilen ein, danach für Frau Scheumann in schwarzer Farbe.

Celle, 21.6.20…

Liebe Anna, liebe Frau Scheumann,

nachdem ich aus den Ferien zurück bin, sende ich _____*dir*_____ / _____*Ihnen*_____

herzliche Grüße aus Celle. Wie war es denn in _____ / _____ Ferien?

Wie hat es _____ / _____ in Kopenhagen gefallen? Ich möchte alles

wissen über _____ / _____ Aufenthalt dort. Ich freue mich schon sehr

auf _____ / _____ Besuch am Freitag. Ich habe auch Maria und Niklas

Fischer eingeladen. Ich hoffe sehr, dass sie kommen und von ihrem Urlaub an der Ostsee erzählen.

Ich werde _____ / _____ auf alle Fälle vom Bahnhof abholen.

Wir sind ja vorige Woche umgezogen, und da muss ich _____ / _____

doch den Weg zu unserer neuen Wohnung zeigen. Ich kann _____ /

_____ sagen, das war vielleicht eine Plackerei. Aber es hat sich gelohnt. Und jetzt

freue ich mich auf _____ / _____. Ich hoffe, _____ /

_____ gefällt unsere neue Wohnung auch.

Bis Freitag herzliche Grüße

_____ / _____ Nele

---

2 Lest euch die beiden Briefe jetzt in der du- und in der Sie-Form vor.

→ Wozu man Verben braucht

Verben

Zu jedem richtigen Satz gehört ein **Verb**. Es macht Sätze erst **vollständig**.

Meine Eltern und ich **?** *morgen früh in den Urlaub.*

→ *Meine Eltern und ich* **fahren** *morgen früh in den Urlaub.*

Mit Verben kann man genau sagen, **was jemand tut** oder **was geschieht**:

Die Kinder **füttern** *den Fisch.*   *Die Kinder* **fangen** *den Fisch.*

Die Kinder **braten** *den Fisch.*   *Die Kinder* **essen** *den Fisch.*

M

1 Lies den Text und entscheide, welches der drei Verben jeweils das passende ist. Markiere dieses Verb.

Im Zug

Ich *fliege / fahre / gleite* mit dem ICE nach Hannover. Mir gegenüber *sitzen / hocken / schlafen* ein

Mann und eine Frau. Der Mann *schreibt / liest / faltet* eine Zeitung. Die Frau *trinkt / macht /*

schlürft Kaffee. Danach *holt / hebt / nimmt* sie ein Buch hervor und *reißt / schlägt / wickelt* es auf.

Wenig später *frieren / fallen / plumpsen* ihr die Augen zu. Aus dem Lautsprecher *ertönt / erscheint /*

erklingt eine Information über den nächsten Halt: „In wenigen Minuten *erretten / erreichen /*

erringen wir Leipzig."

Der Zug *hält / hängt / ankert* auf dem Leipziger Hauptbahnhof. Die Abteiltür *geht / blüht / schlägt*

auf. Kalte Luft *startet / strömt / fließt* ins Abteil. Eine Familie mit Kind *läuft / krümelt / kommt* in

unser Abteil. Sie *besitzen / haben / zeigen* Platzkarten.

Der Mann mit der Zeitung *packt / greift / nimmt* seine Tasche und *geht / rennt / läuft* aus dem

Abteil. Jetzt *rollt / fährt / bricht* der Zug wieder an. Ich *seufze / lache / sehe* aus dem Fenster. Auf

einer Wiese kann ich drei Rehe *sehen / beobachten / anschauen.* Der vorbeifahrende Zug *stört /*

behindert / belästigt sie überhaupt nicht. Die Mutter *flötet / trällert / singt* ihrem Kind leise ein Lied

vor und das Kind *schläft / träumt / sinkt* ein.

Ich *öffne / falte / schließe* meinen Rucksack und *nehme / hole / suche* mein Buch. Aber leider kann

ich es nicht *finden / entdecken / festhalten.* Bestimmt *ruht / liegt / rastet* es noch neben meinem

Bett. Dann *blinzele / träume / gucke* ich bis zur Ankunft in Hannover eben wieder aus dem Fenster.

M

→ **Verben: Partizip I – Partizip II**

Partizip I und Partizip II

Das **Partizip I** erkennt man am **-d** am Wortende: *singend*, *schlafend*, *lachend*.

Das Partizip I kann als **Attribut** ein Substantiv näher bestimmen:
*Die Mutter beruhigt das **weinende** Kind.*

Das Partizip I kann als **Adverbial** ein Verb näher bestimmen:
*Das Kind liegt **weinend** im Bett.*

Das **Partizip II** erkennt man am **ge-** am Wortanfang und am **-en** oder **-t** am Wortende:
***ge**sung**en**, **ge**schlaf**en**, **ge**lauf**en** – **ge**lach**t**, **ge**hüpf**t**, **ge**knurr**t**.*

Das Partizip II ist Bestandteil der Zeitformen **Perfekt** und **Plusquamperfekt**:
*Marie **ist** im Sportunterricht **gestürzt**.*
*Sie **war** vom Schwebebalken **gefallen**.*

Das Partizip II kann als **Attribut** ein Substantiv näher bestimmen:
*Mein Bruder ist **gelernter** Bäcker.*

---

1 Markiere die Partizipien I gelb und die Partizipien II blau.

schwer atmend　　　*der frierende Hund*　　　*nach Motorenöl riechend*
sie hat gefroren　　　*vor Schmerzen jammernd*　　　*das Spiel wurde gewonnen*
er war gekrochen　　　*das gesunkene Schiff*　　　*die gezogenen Lottozahlen*
es ist gelungen　　　*eine Limonade trinkend*　　　*eine ausweichende Antwort*

---

2 Ergänze die folgende Tabelle.

Infinitiv	Partizip I	Partizip II
kochen		*gekocht*
	schreibend	
springen		
		geschnitten
	sitzend	
pfeifen		

---

3 Setze in die Sätze die passenden Verbformen im Partizip I oder Partizip II ein.
Markiere das Partizip I gelb und das Partizip II blau.

a) **schreiben**　Die sauber _____ Sätze standen an der Tafel.

Konzentriert saßen die _____ Kinder an ihren Tischen.

b) **duften**　Alle Gäste bewunderten unseren herrlich _____ Rosenstrauch.

Selbst im Dachgeschoss hat es nach unseren Rosen _____.

→ Verben: Aufforderungsform (Imperativ)

M

Der Imperativ

Die **Aufforderungsform** (der Imperativ) wird in der Regel von der **du-Form** im Singular und von der **ihr-Form** im Plural gebildet:

lesen → du liest → **lies**!,   geben → du gibst → **gib**!
lesen → ihr lest → **lest**!,   geben → ihr gebt → **gebt**!

1 Setze in die folgenden Sätze die richtigen Aufforderungsformen (Imperative) ein. Wenn du nicht sicher bist, wie die Formen lauten, orientiere dich an den Angaben im Merkkasten.

a) Paul, *(vergessen)* _____ nicht, den Ball mitzubringen!

b) Schrei nicht so! Bitte *(sprechen)* _____ leiser!

c) Timm, *(lesen)* _____ den Text bitte laut vor!

d) Ich habe es nicht so gemeint. Julia, *(sehen)* _____ mich nicht so an!

e) Ein Supersprung von Paul. Jana, *(messen)* _____ die Weite noch mal nach!

f) Ich habe noch viel zu tun. Laura, *(helfen)* _____ mir doch beim Abtrocknen!

g) Alex, *(verderben)* _____ uns doch nicht den Spaß!

h) Falls du noch Platz im Auto hast, *(nehmen)* _____ doch die alte Truhe mit!

i) Mia, *(essen)* _____ doch heute wieder mit uns!

2 In drei Sätzen ist der Imperativ **falsch** gebildet.
Markiere ihn und schreibe die Sätze unten richtig auf.

a) Vorsicht, da liegen Glasscherben! Trete da nicht rein!
b) Was hast du bloß gemacht! Sieh dir diese Unordnung an!
c) Übergebe diesen Brief bitte deiner Mutter!
d) Es ist schon spät, lösch bitte das Licht aus.
e) Nehme all deinen Mut zusammen, dann schaffst du den Sprung!

_____

_____

_____

→ Die Zeitformen Präsens, Perfekt, Präteritum

1 Lies diesen Text erst einmal durch. Was fällt dir an den wörtlichen Reden auf?

Im Kunstmuseum

Niklas war gestern mit der Klasse im Museum.

_____

Am Abend fragte ihn seine Mutter:

_____

„Was saht ihr denn alles?"
Niklas antwortete:
„Wir sahen uns Bilder an."

_____

Die Mutter fragte weiter:
„Gefielen dir denn
die Bilder?"

_____

Er erwiderte:
„Ein Bild gefiel mir
ganz besonders gut.
Das malte ich dann ab."

_____

„Oh", sagte die Mutter.
„Ihr maltet sogar?"

_____

„Ja", sagte Niklas.
„Und wir schrieben auch
ein Gedicht über unser
Lieblingsbild."

_____

Die Mutter sagte:
„Du warfst doch dein
Gedicht nicht etwa weg?"

_____

Niklas antwortete:
„Nein, ich brachte es mit.
Hier ist es."

_____

Und dann hat er es
seiner Mutter vorgelesen.

_____

2 Die meisten dieser Sätze stehen im Präteritum, ein Satz steht im Perfekt und einer im Präsens. Markiere oder unterstreiche die Zeitformen in verschiedenen Farben.

3 Viele Sätze findest du sicher sehr merkwürdig.
Schreibe die Sätze, die dir nicht gefallen, in einer anderen Zeitform auf.

→ Die fünf wichtigsten Zeitformen

Die fünf wichtigsten Zeitformen der deutschen Sprache sind:

Präsens:	*ich schlafe aus*	*ich wache auf*
Perfekt:	*ich habe ausgeschlafen*	*ich bin aufgewacht*
Präteritum:	*ich schlief aus*	*ich wachte auf*
Plusquamperfekt:	*ich hatte ausgeschlafen*	*ich war aufgewacht*
Futur I:	*ich werde ausschlafen*	*ich werde aufwachen*

M

Zu spät gekommen

Nachdem ich heute Morgen vom Weckergerassel _____ ,
(Plusquamperfekt: *aufwachen*)

_____ ich noch einmal _____ .
(Perfekt: *einschlafen*)

Nachdem mich mein Vater _____ ,
(Plusquamperfekt: *wecken*)

_____ ich in die Küche.
(Präteritum: *laufen*)

Ich _____ nichts, ich _____ nichts, ich _____ gleich
(Präteritum: *essen, trinken, rennen*)

los zum Bus. Der _____ mir aber vor der Nase _____ .
(Plusquamperfekt: *davonfahren*)

Also _____ ich wieder nach Hause.
(Präteritum: *gehen*)

Mein Vater _____ schon zur Arbeit _____ –
(Plusquamperfekt: *fahren*)

meine Mutter auch.

Nun _____ ich also hier und _____ .
(Präsens: *sitzen*)   (Präsens: *warten*)

Der nächste Bus _____ erst in einer Stunde.
(Präsens: *gehen*)

Aber dann _____ die anderen die Mathearbeit wahrscheinlich schon

_____ .
(Perfekt: *schreiben*)

Ich _____ halt Pech _____ .
(Perfekt: *haben*)

Oder _____ ich die Arbeit _____ ?
(Futur I: *nachschreiben*)

Wir _____ !
(Futur I: *sehen*)

1   Setze die Verben in den angegebenen Zeitformen in den Text ein.

2   In einige Sätze könntest du auch andere Zeitformen einsetzen.
Probiere es aus.

→ **Die Zeitformen Präsens und Präteritum**

M

Die Zeitformen Präsens und Präteritum

Wenn wir über etwas schreiben, das **jetzt** oder **heute** geschieht, dann verwenden wir meistens das **Präsens**.

Wenn wir über etwas schreiben, das schon eine Zeit lang **vorbei** ist, dann verwenden wir meistens das **Präteritum**.

Eisenbahnfahren früher und heute

a) Das Umsteigen auf den Bahnhöfen <u>ist</u> heute manchmal eine aufregende Sache.

b) Das Umsteigen auf den Bahnhöfen war früher ziemlich aufregend.

c) Wenn man von einem auf den anderen Bahnsteig musste, war das anstrengend.

d) Wenn man den nächsten Zug noch erreichen <u>will</u>, <u>ist</u> es sogar stressig.

e) Bei Verspätung warten nämlich nur wenige Züge aufeinander.

f) Aber wenn ein Zug Verspätung hatte, warteten die anderen Züge auf den Anschluss.

g) Und wenn man dann noch schweres Gepäck hat, kommt man ins Schwitzen.

h) Das Gepäck bestand oft aus Körben, in denen sogar Tiere transportiert wurden.

i) Zum Glück gibt es auf vielen Bahnhöfen Fahrstühle oder Rolltreppen.

j) Aber es gab ja Gepäckträger, die einem die schweren Sachen trugen.

k) Das kostete natürlich Geld.

l) Die kann man unentgeltlich benutzen.

m) Manchmal hatte man aber auch über eine Stunde Zeit.

n) Manchmal hat man aber auch ein bisschen Zeit.

o) Da kann man noch Pommes essen und einen Kaffee trinken.

p) Dann konnte man noch in den Wartesaal gehen und etwas essen.

q) Eine Reise von Hannover nach München dauert ungefähr sechs Stunden.

r) Eine Reise von Hannover nach München dauerte fast anderthalb Tage.

s) In der Dampflokzeit ging eben alles noch recht gemütlich zu.

_____

t) In der Zeit der ICE-Züge geht eben alles sehr schnell.

_____

1 Hier sind die Sätze von zwei Texten ineinandergeschrieben. Suche dir zuerst die Sätze des Textes heraus, die das **Eisenbahnfahren von heute** beschreiben. Markiere sie.

2 Lies dir dann diese Sätze nacheinander vor und überprüfe, ob sie zusammenpassen.

3 Unterstreiche die Verben in diesen Sätzen. Sie stehen alle im Präsens.

4 In welchen Zeitformen stehen die Verben, die zum **Eisenbahnfahren von früher** gehören?

_____

5 Unterstreiche die Verben im Präteritum.

6 Schreibe die beiden folgenden Sätze an die richtige Stelle des Textes:
Man fuhr meistens pünktlich ab – und kam pünktlich an.
Man fährt meistens pünktlich ab – und kommt pünktlich an.

→ Aktiv und Passiv

Aktiv und Passiv

Im **Aktivsatz** ist das **Subjekt** in der Regel jemand, der etwas selbst **tut**:
Anne lädt zu einer Party ein.

Im **Passivsatz** ist das **Subjekt** jemand, mit dem etwas **getan wird**:
Anne wird zu einer Party eingeladen.

Die **Passivform** des Verbs wird gebildet mit einer Form des Hilfsverbs **werden**
und dem **Partizip II**:
wird eingeladen, wurde getragen, ist geschrieben worden, war eingeladen worden

M

1 Markiere von den folgenden Sätzen diejenigen, die im Passiv stehen.
Achte darauf, in welchen Sätzen mit dem Subjekt etwas getan wird.

a) Die Lehrerin lobt Sarah für ihre gelungene Nacherzählung.
b) Meine große Schwester wurde von ihrem Freund abgeholt.
c) Die Stalltür hat Tanja gut verschlossen.
d) Die Pferde sind auf die Koppel gebracht worden.
e) Carolin war heute zu spät geweckt worden.
f) Unsere Mannschaft ist als Sieger vom Platz gegangen.
g) Das Pannenauto wurde in eine Werkstatt abgeschleppt.
h) Meine Oma ist heute aus dem Krankenhaus entlassen worden.
i) Heute Abend werde ich mich mit Paula treffen.

2 Trage in die Zeilen des folgenden Textes die Verben im Aktiv oder im Passiv ein.

Angst

Jeder Mensch *(kennen)* _____ Ängste. Wodurch *(auslösen)* _____

sie _____? Bei manchen Menschen *(auslösen)* _____

eine Spinne schon Angst _____. Andere *(zittern)* _____ bei Gewitter vor Angst.

Und bei manchen Schülern *(erzeugen)* _____ Ängste _____,

wenn eine Arbeit *(schreiben)* _____.

Einige Ängste *(geben)* _____ uns mit auf die Welt _____.

So *(warnen)* _____ wir durch Ängste z. B. vor Gefahren _____.

Andere Ängste aber *(lernen)* _____ wir. So *(erfahren)* _____ kleine Kinder

die Hitze einer Kerzenflamme. Durch den Schmerz *(abhalten)* _____ sie dann davon

_____, so etwas wieder zu tun.

M

→ Wozu Adjektive gebraucht werden

Adjektive

Adjektive geben an, **wie** jemand oder etwas **ist**:
Das Wasser ist **tiefblau**. → *das* **tiefblaue** *Wasser*
Sie geben auch an, **wie** etwas **vor sich geht**:
Aus dem Meer taucht **plötzlich** *ein Wal auf.*

*hohen – alten – aufmerksam – große –
geliebten – gemütlich – gründlichen –
kleinen – längere – nächsten – obersten –
traurigen – vielen – zufriedenes*

1 In dem folgenden Text fehlen 14 Adjektive. Setze in die Lücken
passende Adjektive aus der Adjektivsammlung ein. Dabei darf jedes
Adjektiv nur einmal im Text vorkommen.

Mucki, mein Kater

Mit Mucki kann man schon einiges erleben. Er sitzt gern auf **1** ___hohen___ Gegenständen, z. B. auf unserem

2 _____ Korridorschrank. Neulich musste ich unser Schlafzimmer renovieren und stellte meine

Malerleiter auf. Mucki hatte zuerst **3** _____ Angst vor ihr und riss aus. Am Abend des

4 _____ Tages stellte ich einen **5** _____ Teddy, Muckis Freund und

Spielzeug, ganz oben auf die Leiter. Er betrachtete eine **6** _____ Zeit sehr

7 _____ die Leiter – und mit einem Mal trabte Mucki Pfote für

Pfote hinauf. Schließlich saß er auf der **8** _____ Sprosse und machte es sich dort

9 _____ . Solange die Leiter im Schlafzimmer stand, erkletterte er sie in

10 _____ Varianten. Sein **11** _____ Schnurren war nicht

zu überhören. Beim **12** _____ Säubern der Leiter saß der Kater mit

13 _____ Augen dabei. Danach aber bevorzugte er wieder seinen

14 _____ Korridorschrank.

2 Lest euch jetzt den Text vor.

3 Von den 16 Wörtern rechts sind elf Adjektive.
Probiere für jedes Wort aus, ob es ein Adjektiv ist.
Unterstreiche diese elf Adjektive.

*süß – sehr – vielleicht – viele – unglaublich –
gesamt – übers – dick – unser – durchschnittlich –
salzig – alle – angenehm – praktisch – besser – zwei*

Die Plingplong-Probe kann dir dabei helfen:
Die ...?... Plingplongs liegen auf dem Tisch herum.

Passt das markierte Wort in den Probesatz hinein,
ist es ein Adjektiv.

→ Mit Adjektiven kann man vergleichen

M

Steigerungsformen der Adjektive

Mit Hilfe der Steigerungsformen der Adjektive lassen sich Eigenschaften von Personen, Dingen und Sachverhalten vergleichen. Man unterscheidet dabei:

Positiv (Grundstufe):

*Fabian ist im Weitsprung fast so **gut** wie Elias.*

Wenn Adjektive im **Positiv** stehen, gebraucht man das Vergleichswort **wie**.

Komparativ (Steigerungsstufe):

*Dafür ist Fabian im Schwimmen **besser** als Elias.*

Wenn Adjektive im **Komparativ** stehen, gebraucht man das Vergleichswort **als**.

Superlativ (Höchststufe):

*Aber Nele ist die **beste** Sportlerin in unserer Klasse.*

---

1 Bilde den Superlativ der sieben *kursiv* gedruckten Adjektive. Trage sie in die Lücken ein.

Rekorde, Rekorde!

Die Harbour Bridge in Sydney ist fast 50 m breit und hat acht Fahrspuren. Damit ist sie die **1** *(breit)*

_____ Brücke der Welt. Die **2** *(dick)* _____ Regentropfen, die es

jemals gab, prasselten 1953 auf die Erde. Die Tropfen hatten einen Durchmesser von 9 mm. Das Wasser

des **3** *(hoch)* _____ Wasserfalles der Welt stürzt in Venezuela 979 m in die Tiefe.

Der **4** *(schnell)* _____ Vogel der Welt ist der Wanderfalke. Im Sturzflug

kann er 350 km/h erreichen. Die **5** *(alt)* _____ Zwillinge der Welt kommen aus Japan.

Sie bringen es zusammen auf 210 Jahre. Die **6** *(giftig)* _____ Spinne der Welt greift

sogar Menschen an. Ihr Biss ist für die meisten Menschen tödlich. Die **7** *(stark)* _____

Naturfaser ist die Spinnwebe. Ihre Reißfestigkeit ist höher als Stahl.

2 In welche Sätze gehört das Vergleichswort **wie**, in welche das Vergleichswort **als**? Schreibe das richtige Wort in die Lücken.

a) Die Tage im Sommer sind länger _____ im Winter.

b) Die Sonne hat am Dienstag genauso lange geschienen _____ am Montag.

c) Der Film hat mir besser gefallen _____ der, den wir vorige Woche gesehen haben.

d) Die Sängerin erscheint in Wirklichkeit kleiner _____ auf dem Foto.

e) Die Schultasche ist heute doppelt so schwer _____ gestern.

f) Die erste Aufgabe fand ich nicht so schwer _____ die zweite.

g) Paula hat das Rätsel schneller gelöst _____ Niklas.

→ **Adverbien**

Adverbien

M

Adverbien sind Wörter, die Angaben machen
- über die **Zeit**, in der etwas geschieht: *heute, damals* ...
- über den **Ort**, an dem etwas geschieht: *hinten, dort* ...
- über die **Art** und **Weise**, wie etwas geschieht: *gern, so* ...
- über den **Grund**, aus dem etwas geschieht: *deshalb, trotzdem* ...
Adverbien können nicht gebeugt werden. Deshalb können sie
niemals zwischen Artikel und Nomen stehen.

1 In jedem Satz kommt ein Adverb vor. Markiere es und ordne es zu.

a) Meine Freundin und ich waren gestern im Kino. _____

b) Drinnen trafen wir unseren Freund Mehmet. _____

c) Wir sehen alle drei gern Actionfilme. _____

d) Darum gucken wir uns jeden Actionfilm
im Kino an, der gespielt wird. _____

2 In diesem Buchstabengitter haben sich
insgesamt 16 Adverbien (jeweils acht
waagerecht und acht senkrecht) versteckt.
Wenn du sie gefunden hast, markiere sie.
Es gilt immer das längere Wort, z. B.: *vielleicht*.

D	O	R	T	Y	X	J	E	T	Z	T	S	D	T	A
M	K	N	Ä	M	L	I	C	H	Q	W	L	A	Ö	N
V	C	M	J	B	H	K	Ü	P	D	L	G	R	C	D
I	Y	C	N	J	S	B	V	X	A	A	Ö	U	M	E
E	W	E	G	E	R	N	T	U	N	O	P	M	N	R
L	M	N	B	V	C	X	Y	L	N	K	J	H	A	S
L	K	J	H	G	F	D	H	S	Ü	P	O	I	B	U
E	W	D	O	C	H	R	I	U	Z	T	R	Z	E	P
I	T	G	Ä	Y	B	N	E	C	M	O	E	P	N	Y
C	K	G	F	D	X	Z	R	G	J	L	C	Ö	D	Ä
H	V	C	X	Y	O	P	J	L	M	F	H	J	S	A
T	Q	S	G	E	S	T	E	R	N	J	T	Ü	B	L
M	C	X	W	T	G	P	Ö	F	S	P	S	L	N	S
Y	B	C	D	H	K	J	H	S	E	H	R	F	T	O
H	I	N	T	E	N	V	B	N	X	T	C	Q	Z	K

3 Ordne die 16 Adverbien aus Aufgabe 2 richtig ein.

Adverbien der **Zeit**: _____

Adverbien des **Ortes**: _____

Adverbien der **Art und Weise**: _____

Adverbien des **Grundes**: _____

→ Präpositionen

M

Präpositionen

Präpositionen sind Wörter wie *an, auf, durch, in, mit, neben, über, unter* ...:
*Carl klebt die Fußballbilder **in** ein Album. Er hat sie **mit** seinem Freund getauscht.*

Sie setzen die Substantive oder Pronomen, die ihnen folgen, in einen bestimmten **Fall**:
in den **Akkusativ**:   oder   in den **Dativ**:
*Laura läuft **in den** Physikraum.*   ***In dem** Physikraum* sucht sie ihren Hefter.

Einige Präpositionen verschmelzen mit einem Artikel zu einem Wort:
*bei + dem → **beim**, zu + dem → **zum**, um + das → **ums** ...*

1 Markiere die sechs Präpositionen im folgenden Text.

Montagnachmittags beim Bäcker

Eine Katze und eine Maus kommen in die Bäckerei. Die Maus sagt zur
Verkäuferin: „Ich möchte gern ein Stück Pflaumenkuchen mit viel Sahne."
Die Verkäuferin reicht ihr das Gewünschte über den Ladentisch. „Und was
möchten Sie?", wendet sie sich an die Katze. Daraufhin antwortet die Katze:
„Ich möchte nur einen kleinen Klecks Sahne auf die Maus!"

2 Welchen Fall verlangen die folgenden Präpositionen?
• Füge den Artikeln, Pronomen und Adjektiven die richtige Endung an.
• Notiere in den Klammern, in welchem Fall (**D** = Dativ, **A** = Akkusativ)
   die Beispiele stehen.

Fuchs, du hast den Schuh gestohlen

In ein*em*_____ (___D___) Dorf in Rheinland-Pfalz wurden ständig Schuhe geklaut.

Auf d_____ (_____) Diebestour war nicht etwa ein Mensch, sondern ein schuhverrückter Fuchs. Der Fuchs

mit d_____ (_____) Schuhtick hatte im vorigen Jahr 250 Schuhe beiseitegeschafft. In dies_____ (_____)

Frühjahr streifte er wieder von ein_____ (_____) Ort zum anderen. Mal schnappte er sich Schuhe auf

ein_____ (_____) Terrasse, mal in ein_____ (_____) Garten, mal unter eine_____ (_____) Treppe.

Die Leute rätselten schon die ganze Zeit, wozu der Fuchs die Schuhe braucht. Nachdem man die Beutehöhle

an sein_____ (_____) Bau gefunden hatte, wussten sie es: Er hat die Schuhe in d_____ (_____) Wald

geschleppt, damit seine Jungen mit ihn_____ (_____) spielen konnten. Der Förster fand das nicht so lustig

und angelte die Schuhe aus de_____ (_____) tief_____ (_____) Bau. Für d_____ (_____)

schlau_____ (_____) Fuchs war das wohl zu viel: Er ist einfach umgezogen.

→ **Konjunktionen zwischen zwei Sätzen 1**

Konjunktionen

Es gibt zwei Arten von Konjunktionen:

- Konjunktionen, die zwei **Hauptsätze** zu einer **Satzverbindung** verbinden, heißen **nebenordnende** Konjunktionen: *aber, denn, doch, oder, und.*
  *Alle Badegäste mussten das Schwimmbecken verlassen, **denn** es zog ein Gewitter auf.*
  <small>Hauptsatz</small> <small>Hauptsatz</small>

- Konjunktionen, die einen **Hauptsatz** und einen **Nebensatz** zu einem **Satzgefüge** zusammenfügen, heißen **unterordnende** Konjunktionen:
  als, bevor, bis, da, dass, nachdem, ob, sodass, während, weil, wenn.
  *Alle Badegäste mussten das Schwimmbecken verlassen, **weil** ein Gewitter aufzog.*
  <small>Hauptsatz</small> <small>Nebensatz</small>

In Hauptsätzen steht das Prädikat als zweites Satzglied, in Nebensätzen als letztes Satzglied. Wenn man Konjunktionen zwischen zwei Sätzen verwendet, muss man dabei immer auf die Kommasetzung achten.

1 Verbinde beide Sätze jeweils einmal mit der nebenordnenden und einmal mit der unterordnenden Konjunktion. Schreibe beide Sätze auf. Achte dabei auf die Kommasetzung. Achtung: Beim Gebrauch der unterordnenden Konjunktion verändert sich die Reihenfolge der Satzglieder im folgenden Satz.

denn – weil
Sarah turnte ihre Bodenübung fehlerlos. Sie hatte fleißig geübt.

_____

_____

_____

und – sodass
Max stürzte beim Pferdsprung. Er bekam eine niedrige Wertung.

_____

_____

_____

aber – während
Max beendete den Wettkampf als Vorletzter. Sarah gewann ihn mit großem Vorsprung.

_____

_____

_____

→ Konjunktionen zwischen zwei Sätzen 2

1 Probiere aus, welche Konjunktionen du sinnrichtig zwischen den Sätzen in den Text einsetzen kannst. Die Sammlung der Konjunktionen hilft dir dabei. Vielleicht schaffst du es ja, jede Konjunktion nur einmal zu verwenden.

aber als bis da dass doch falls indem nachdem sodass sondern und während weil wenn wie

Mit dem Pferdejungen Johannes auf dem Weg nach Görlitz

Das Herz von Johannes muss kräftig geklopft haben, **1** _____ ihm sein Vater gesagt hatte,

2 _____ er am nächsten Tag mit ihm nach Görlitz fahren durfte. Sein Vater war ein Fuhrmann.

Fuhrleute gehörten zwar vor etwa 500 Jahren nicht zur gehobenen Schicht, **3** _____ für die reichen

Handelsherren waren sie wichtige Partner. Fuhrleute mussten nicht nur geschickt mit Pferden umgehen

können, **4** _____ sie hatten es auch oft mit umherziehenden Räubern zu tun. Am nächsten Morgen

fuhren Johannes und sein Vater schon sehr früh los, **5** _____ der Weg von Großenhain bis nach

Görlitz weit war. Der Vater saß auf dem Sattelpferd, **6** _____ Johannes immer ein bisschen vorauslief.

Auf solch einer Reise war es nämlich gefährlich, **7** _____ das Gespann in die Wegmitte geriet.

Dort hätte es im Morast versinken können. Johannes lernte schnell herauszubekommen, **8** _____

die großen Pfützen auf den Wegen tief waren oder nicht. So konnte er seinem Vater wichtige Hinweise für

das richtige Fahren geben. Vier Tage brauchten die beiden, **9** '_____ sie Bautzen erreicht hatten.

Sie konnten aber erst in die Stadt hinein, **10** _____ sie einen steilen Berg bewältigt hatten. Johannes

hatte dabei die Zugpferde am Zügel geführt, **11** _____ der Vater hatte hinten am Wagen geschoben.

Hinter Bautzen mussten die Pferde dann noch einen Damm überqueren, der mit Holzstämmen und Ästen

befestigt war. Vor dem Damm scheuten die Pferde mehrmals, **12** _____ sie Angst hatten, mit den

Fesseln zwischen die Knüppel zu geraten. Endlich war es so weit: Die beiden erblickten die Landeskrone,

einen Berg vor den Toren von Görlitz.

Der Vater sagte zu Johannes: „Heute Abend sind wir in Görlitz, **13** _____ jetzt nichts mehr

dazwischenkommt." Für Johannes war die Stadt dann ein Erlebnis. Dickbäuchige Händler und listige Wahr-

sagerinnen sprachen ihn an. Er wollte etwas kaufen, **14** _____ sein Vater ließ es nicht zu, er wollte erst

die Ware abliefern und ein Quartier für die Nacht suchen.

→ Zusammengesetzte Wörter

Zusammengesetzte Wörter

M

Zusammengesetzte Wörter bestehen aus zwei oder mehr selbstständigen Wörtern:
der Kinofilm, das Küchenmesser, das Handballtor.
In manchen zusammengesetzten Wörtern werden zwischen den beiden Wörtern
noch zusätzlich Buchstaben wie **-s-, -n-, -er-** eingefügt, die vor allem das Aussprechen
des zusammengesetzten Wortes erleichtern:
*der Geburt**s**tag, das Scheune**n**tor, das Kind**er**spielzeug*

1 Ersetze die *kursiv* gedruckten Wendungen
durch passende zusammengesetzte Wörter.
Schreibe sie auf die Zeilen.

a) Heute haben wir auf unserer *Wiese, die sich mitten im
Wald befindet*, Fußball gespielt. _____

b) Die *Bahn, die auf Straßen fährt*, ist gestern entgleist. _____

c) Ich muss mir unbedingt einen *Tisch* kaufen, *auf dem
mein Computer* auch Platz hat. _____

d) Meine *Blume, die in einem Topf* wächst, blüht jedes Jahr
aufs Neue. _____

e) Der *Kuchen, den ich zu meinem Geburtstag* bekommen
habe, war sehr lecker. _____

2 In der folgenden Geschichte wird ein Wort immer länger, weil es viermal
mit einem anderen Wort zusammengesetzt wird.
Schreibe die zusammengesetzten Wörter in die Zeilen hinein.

Eine Geschichte mit wachsendem Namen

In einem Dorf befand sich ein *Brunnen*. Die *Sonne* schien den ganzen Tag auf diesen Brunnen. Deshalb nannten

ihn die Dorfbewohner _____ . Die Leute holten sich mit *Wannen* das

Wasser aus dem Brunnen. Bald hieß der Brunnen _____ .

Die Bewohner staunten nicht schlecht, als sie sahen, dass *Schwäne* Wasser aus dem Brunnen tranken. Da war ja

klar, wie der Brunnen nun genannt wurde: _____ .

Und weil die Schwäne jedes Jahr aus *Schweden* kamen, sprach man schließlich von einem _____

_____ .

→ Wörter mit Präfixen (Vorsilben) und Suffixen (Nachsilben)

Präfixe

Präfixe sind Wortbausteine, die **vorn** an Wörter angefügt werden. Sie verändern die **Bedeutung** dieser Wörter:

schreiben → **ver**schreiben, **ab**schreiben, **be**schreiben, **mit**schreiben ...

Suffixe sind Wortbausteine, die **hinten** an Wörter angefügt werden. Auch sie können Unterschiede in der Bedeutung zum Ausdruck bringen: *gelb* → *gelb**lich**, Mann → Mann**schaft***.

Suffixe legen aber vor allem die **Wortart** der Wörter fest und bestimmen damit, ob diese Wörter groß- oder kleingeschrieben werden:

sauber: → *Sauber**keit*** (Substantiv, Großschreibung),
sauber: → *säuber**n*** (Verb, Kleinschreibung).

M

1 Lies dir den folgenden Text, so wie er da steht, laut vor.

Schlüssel weg!

Eigentsam ____*Eigentlich*____ sollte es ein fröhbarer _____ Nachmittag werden. Ich hatte

mich mit Maria zum Versuch _____ des Zoos zerabredet _____. Meine

Eltern waren in die Stadt erfahren _____ und mit dem Kauf von Möbeln entschäftigt

_____. Ich wollte gerade gehen, als ich vermerkte _____, dass

ich meinen Haustürschlüssel nicht mehr hatte. Hektbar _____ suchte ich in all meinen

Taschen, aber begeblich _____. Was sollte ich jetzt tun? Ich musste doch die Haustür

zerschließen _____! Meine Vertäuschung _____

war groß. Aber da sah ich plötzlich etwas in der Sonne blinken: Mein Schlüssel lag halb entdeckt

_____ im Gras. Er war mir wohl aus der Tasche zerfallen _____.

2 In diesem Text passen die Präfixe und Suffixe nicht zu den Wörtern. Schreibe die Wörter mit den passenden Wortbausteinen in die Lücken.

3 Bilde mit den Wortbausteinen mindestens drei Verben, drei Substantive und drei Adjektive und schreibe sie auf.

PRÄFIXE:
BE-, VER-, GE-, ENT-, ZER-, UN-, ER-

WORTSTÄMME:
-SPIEL-, -WACK-, -BRECH-, -FREI-, -SPRECH-, -RÜCK-

SUFFIXE:
-BAR, -UNG, -ELN, -KEIT, -EN, -IG, -LICH, -HEIT, -ER

Verben: *zerbrechen,* _____

Substantive: _____

Adjektive: _____

→ **Sätze mit Subjekt und Objekten**

M

Subjekt und Objekt

Das **Subjekt** in einem Satz sagt meistens aus, wer etwas tut:
Der Vater (wer?) *schenkt dem Sohn ein neues Fahrrad.*

Die **Objekte** sagen aus, auf wen sich das Tun richtet:
Der Vater schenkt (wem?) ***dem Sohn*** (wen oder was?) ***ein neues Fahrrad****.*

1 Setze im folgenden Text für die Subjekte *(Wer?)* und die Objekte *(Wem? Wen* oder *was?)* Wörter ein, die passen.

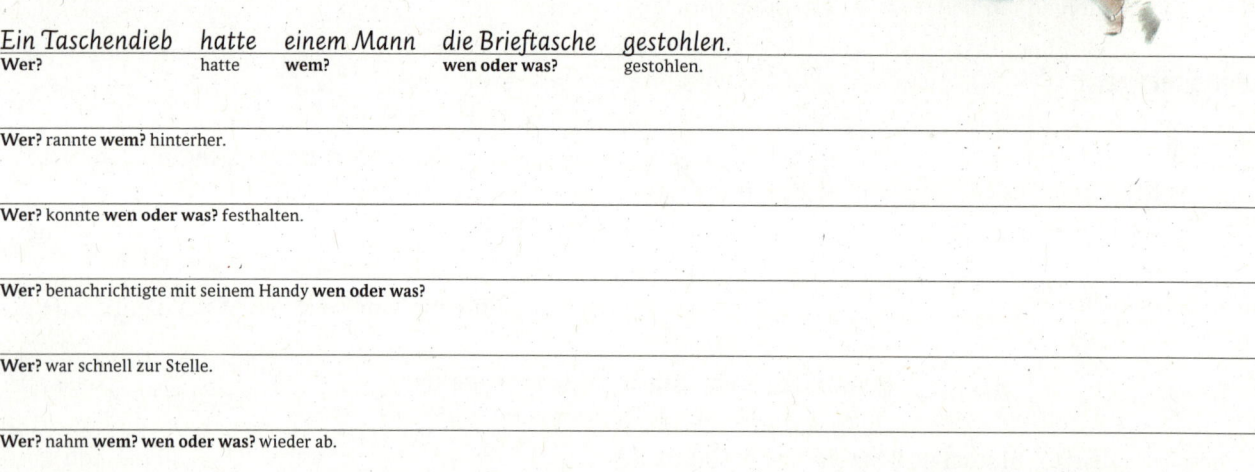

Glück gehabt!

Ein Taschendieb   hatte   einem Mann   die Brieftasche   gestohlen.
Wer?   hatte   **wem?**   **wen oder was?**   gestohlen.
_____

Wer? rannte **wem?** hinterher.
_____

Wer? konnte **wen oder was?** festhalten.
_____

Wer? benachrichtigte mit seinem Handy **wen oder was?**
_____

Wer? war schnell zur Stelle.
_____

Wer? nahm **wem? wen oder was?** wieder ab.
_____

Wer? wurde abgeführt.
_____

2 Setze im folgenden Text für **Subjekt, Akkusativ-Objekt, Dativ-Objekt** folgende Wörter ein:
ein Taschendieb – dem Dieb – der Dieb – den Diebstahl – die Brieftasche – einem Mann – der Mann – der Mann – dem Mann – das Polizeirevier – die Polizei – schnelle Hilfe – seine Brieftasche – der Mann – der Bestohlene

Pech gehabt!

Subjekt hatte Dativ-Objekt Akkusativ-Objekt gestohlen.
_____

Subjekt hatte Akkusativ-Objekt sofort bemerkt.
_____

Subjekt rannte Dativ-Objekt hinterher.
_____

Doch Subjekt war plötzlich verschwunden.
_____

Subjekt suchte Akkusativ-Objekt auf.
_____

Subjekt versprach Dativ-Objekt Akkusativ-Objekt.
_____

Doch leider bekam Subjekt Akkusativ-Objekt nicht wieder.
_____

→ Objekte und Adverbiale: durch Umstellproben Texte verbessern

M

Objekte und Adverbiale

Objekte und **Adverbiale** lassen sich als Satzglieder in einem Text **umstellen**.
Das gibt einem Text oft einen besseren Zusammenhang.
Zecken sind winzige Spinnentiere. Sie können trotzdem dem Menschen gefährlich werden.
→ Objekt am Satzanfang: *Dem Menschen können sie trotzdem gefährlich werden.*
→ Adverbial am Satzanfang: *Trotzdem können sie dem Menschen gefährlich werden.*

Zecken

Zecken verhalten sich die meiste Zeit völlig unauffällig.

_____

Sie erwarten besonders bei warmem Wetter ihre Opfer.

_____

Man kann sie auch im Wald finden.

_____

Man kann sie allerdings wegen ihrer Winzigkeit kaum erkennen.

_____

Sie lassen sich unbemerkt auf ihren Opfern nieder.

_____

Sie suchen sich dann auf dem Körper eine warme Stelle.

_____

Sie versenken danach ihre Rüssel in dem Körper des Opfers.

_____

Sie verursachen erst nach dem Festhaken in der Haut einen Juckreiz.

_____

Zecken können heute gefährliche Krankheiten übertragen.

_____

Sie sollten nach einem Stich deshalb schnell entfernt werden.

_____

1 Verschiebe in diesem Text jeweils eines der markierten Adverbiale oder Objekte, das du besonders passend findest, an den Satzanfang und schreibe dabei die Sätze neu auf. Auf diese Weise wird der Text besser, da die Sätze nicht mehr so oft mit *sie* beginnen.

→ **Das Attribut**

M

Attribut

Ein **Attribut** (Beifügung) bestimmt ein einzelnes Substantiv näher.
Das näher bestimmte Substantiv nennt man Bezugswort:
Gestern haben wir einen Trickfilm gesehen.
*Gestern haben wir einen **lustigen** Trickfilm gesehen.*

Attribut   Bezugswort

Attribute können **vor** dem Bezugswort stehen:
*Der **lustige** Trickfilm hat uns sehr gefallen.*

Attribute können **nach** dem Bezugswort stehen:
*Unsere Klasse erkundete die Umgebung **Meißens**.*

Attribute können **vor** und **nach** dem Bezugswort stehen:
*Uns gefiel der Spaziergang in den **dunklen** Straßen **der Stadt**.*

Attribute können mit den Fragen *was für ein?, welcher, welche, welches?* ermittelt werden:
was für einen Trickfilm?, welche Umgebung?, welche Straßen?

1 Markiere im folgenden Text alle Attribute und unterstreiche das jeweilige Bezugswort.
Achtung! Zwei Substantive werden sowohl durch ein vorangestelltes als auch durch ein nachgestelltes Attribut näher bestimmt.

Krabat

Krabat ist eine sorbische Sagengestalt. In der Kindheit musste er wegen der großen Not für den Lebensunterhalt der Familie betteln gehen. Eines Tages kam er zu einem bösen Zaubermüller. Mit ihm lernten noch elf Lehrlinge die Schwarze Kunst des Müllers. Jährlich einmal wurden die zwölf Schüler in einen düsteren Raum der Mühle geführt.

2 Füge die Attribute rechts an der passenden Stelle in den Text ein.
Unterstreiche das dazugehörige Bezugswort.

In dem Raum befand sich ein _____ Rad. Darin steckte ein Zahn

_____. Beim Drehen _____ klopfte den Schülern das Herz.

Auf wen nämlich der Teufelszahn am Ende zeigte, dessen Seele gehörte dem Teufel.

Der _____ Krabat wollte kein Opfer bei dem _____

Spiel _____ sein. Deshalb bat er seine Mutter um Hilfe. Die

folgte den _____ Tipps _____. So konnte die Mutter

im _____ Moment ihren Sohn von den anderen Lehrlingen

unterscheiden. Der _____ Müller musste Krabat ziehen lassen. Er wurde

noch wütender, als er merkte, dass Krabat ihm auch noch sein _____

Zauberbuch gestohlen hatte, und schwor ihm _____ Rache.

des Teufels
des Rades
entscheidenden
ewige
genauen
großes
kluge
mörderischen
des Sohnes
wertvolles
wütende
des Müllers

→ Das Nachschlagen im Wörterbuch trainieren

1 Schreibe die Wörter auf und schreibe in die Klammern dahinter die Seitenzahl aus dem Wörterbuch:

Das erste Wort mit _E_____ (S. _____), mit _Z_____ (S. _____),

mit _W_____ (S. _____), mit _T_____ (S. _____), mit _F_____ (S. _____).

2 Schreibe auf:
Das erste Wort mit _Sch_____ (S. _____),

das letzte Wort mit _Sch_____ (S. _____).

3 Das folgende Wort kann man auf dreierlei Weise schreiben. Schlage nach:

KREM: _____, _____, _____

4 Es gibt ein Wort, das man so ausspricht: [līt] – mit langem **i**!
Es kann auf zweierlei Weise geschrieben werden – und beide Wörter bedeuten
etwas anderes! Suche die beiden Wörter:

[L I T] So wird es geschrieben: _____, und auch so: _____.

5 Wie schreibt man eigentlich (K/C)ATASTRO(F/PH)E – mit **K** oder mit **C**? Mit **f** oder **ph**?
Suche das Wort – und schreibe auf, was es bedeutet:

_____ bedeutet: _____.

6 Suche jeweils das letzte Wort unter den Buchstaben:

_L_____ (S. _____), _W_____ (S. _____), _D_____ (S. _____).

7 Wie heißt die Mehrzahl (Plural) von **Atlas** und **Kaktus**? Schlage nach:

ATLAS _____, _____, KAKTUS _____

8 Was bedeutet: _Die Katze aus dem Sack lassen_? Schlage nach:

_____

9 Schreibe die Wörter mit Sil-ben-tren-nungs-stri-chen auf. Gibt es hier zwei Möglichkeiten?

herüber: _____ extra: _____

→ Mit dem Wörterbuch arbeiten

26 Buchstaben in der richtigen Reihenfolge finden! Wie schnell kannst du das? Überprüfe es!

1 Ergänze die Buchstabenreihen. Wie lange hast du dazu gebraucht?

A B C D E F _ H _ J K _ M N O _ Q _ S _ U V _ X Y Z

B C D E _   _ W X Y Z   A B C _ E F G   J K L M _   _ B C D E

H I _ K L M _   D E F G _   _ I J K L   _ P Q _ S T

2 Wo findet man die folgenden Wörter im Wörterbuch: eher vorn, eher in der Mitte oder eher hinten?

Aal S.	Chamäleon	Katze	Braunbär
Otter	Tiger	Jaguar	Faultier
Wal	Wolf	Elch	Dromedar

eher vorn: _____

_____

eher in der Mitte: _____

_____

eher hinten: _____

_____

3 Schreibe jetzt hinter jedes Wort, auf welcher Seite deines Wörterbuches du es gefunden hast.

Im Wörterbuch helfen dir beim Suchen die sogenannten **Kopfwörter**. Das sind das erste und letzte Stichwort der aufgeschlagenen Wörterbuchseite. Kopfwörter befinden sich über dem eigentlichen Wörterverzeichnis ganz außen rechts und ganz außen links.

4 Zwischen welche Kopfwörter gehören diese Stichwörter? Schreibe sie dazwischen.

~~billig~~ Nelke Pyramide tosen gemocht Scrabble Denkmal verursachen

bezwingen _____ *billig* _____ Biografie   verstoßen _____ verwahren

Gelegenheit _____ genehmigen   pur _____ Qualm

necken _____ Nessel   deklinieren _____ deprimiert

Tölpel _____ tot   Schwindel _____ scrollen

5 Zwischen welche Wörter gehören diese Verben? Schreibe sie dazwischen.

wölben   stacheln   nennen   drängen   krabbeln   bücken   flüstern   enden

fliegen _____ folgen   koppeln _____ krächzen

brühen _____ bummeln   empfehlen _____ entbehren

spritzen _____ stampfen   wischen _____ wollen

necken _____ nicken   dösen _____ drehen

6 Die folgenden Wörter werden am Anfang alle mit **k** ausgesprochen.
Wie aber werden sie geschrieben? Schlage dazu in einem Wörterbuch unter **c**
und unter **k** nach. Füge die Anfangsbuchstaben in die Zeilen ein.
Achtung! Vier der Wörter kann man auf verschiedene Weise schreiben.
Trage jeweils beide Möglichkeiten unten in die Zeilen ein.

Wörter mit C, Ch oder K?

_____ARAKTER   _____REME

_____ARAWANE   _____ASSETTE

_____LOWN   _____LUB

_____ABRIO   _____OTELETT

_____OMMISSAR   _____AOS

_____OMPUTER   _____USINE

_____ONTAINER   _____LIQUE

_____

_____

7 Die folgenden Wörter beginnen mit **F**, **Ph** oder **V**.
Schlage auch diese Wörter in einem Wörterbuch nach und schreibe sie mit ihrer Bedeutung auf.
Achtung! Für ein Wort gibt es zwei Schreibweisen. Schreibe beide auf.

?AKIR – ?ITAMIN – ?ANTASIE – ?AGABUND – ?ERS – ?INALE – ?ENTIL – ?ANTOM – ?ASE

_____

_____

_____

_____

Quellen

Texte

Seite 8: Dackel Luzi im Kaninchenbau. Bericht nach Alexander Mertens (verändert).
Aus: Bild-Zeitung vom 19.01.2001

Seite 12: Unfallhergang mit Unfallskizze und Zeugenaussagen. Nach einem Bericht
der Deister- und Weserzeitung vom 30.05.2003

Seite 14: Kinderarbeit. Originalbeitrag von Ursula Sassen

Seite 16–17: Begegnung mit Carlos Barrera. Originalbeitrag von Harald Herzog

Seite 18: Nargis. Originalbeitrag von Ursula Sassen

Seite 20: Frauen-WM (gekürzt). Frauen-Fußball-WM 2011. In: Frankfurter Rundschau vom 09.07.2011

Seite 24–25: Karla Schefter gibt nicht auf. Nach:
http://www.webarchiv-server.de/pin/archiv02/2502ob23.htm, 25.8.2011
http://de.wikipedia.org/wiki/Karla_Schefter, 25.8.2011

Seite 28: Bertha Benz. Originalbeitrag von Ute Hirth. Nach:
http://de.wikipedia.org/wiki/Bertha_Benz, 28.8.2011
http://de.wikipedia.org/wiki/Automobil, 25.9.2011
http://www.swr.de/kultur/buch/bertha-benz-biographie, 25.9.2011
http://www.automuseum-ladenburg.de, 25.9.2011

Seite 30: Wie unser Erdteil seinen Namen bekam. Nacherzählt von Ute Hirth. Nach:
Die schönsten griechischen Sagen. Fischer Verlag GmbH. Remseck bei Stuttgart 1992

Seite 32: Die Heimkehr des Odysseus. Originalbeitrag von Ute Hirth. Nach:
http://www.maerchen.net/antik/gr-odysseus.htm, 10.4.2011

Seite 36–37: Abenteuerfahrt im Freizeitpark. Originalbeitrag von Wolfgang Menzel

Seite 38: André Maurois: Das Haus. Aus dem „Jahrmarkt in Neuilly". Herausgegeben von Nino Erné.
Aus dem Französischen von Christoph Schwerin. Nymphenburger in der F. A. Herbig
Verlagsbuchlandschaft GmbH. München 1957

Seite 40–41: Astrid Lindgren: Sommer. Aus: Astrid Lindgren: Ronja Räubertochter.
Verlag Friedrich Oetinger. Hamburg 1982

Seite 42–43: Leo N. Tolstoi: Der Sprung. Aus: Kindererzählungen, Märchen und Fabeln russischer Klassiker.
Übersetzt aus dem Russischen von Manfred von Busch. Alfred Holz Verlag. Berlin 1971

Seite 44: Der Riesenfinger. Nach: Jacob und Wilhelm Grimm: Deutsche Sagen. Kassel 1816/1818

Seite 45: Heinz Erhardt: Die polyglotte Katze. Aus: Das große Heinz Erhardt Buch.
Fackelträger Verlag. Hannover 1970

Seite 46–47: Eine unheimliche Nacht. Originalbeitrag von Roswitha Radisch

Bilder

|akg-images GmbH, Berlin: 29.2. |C.P.H.A. Karla Schefter, Dortmund: 24.1, 27.1, 27.2. |laif, Köln: Dorigny, Marie 16.1, 18.1. |mauritius images GmbH, Mittenwald: (3 Ballons Sonnenuntergang) Titel.(Heißluftballon). |Picture-Alliance GmbH, Frankfurt/M.: akg-images 29.1; Matzke, Stefan 20.1, 20.2. |plainpicture, Hamburg: (Räuberleiter) Titel. | Vario Press, Bonn: (2 Heißluftballons) Titel.

Wir arbeiten sehr sorgfältig daran, für alle verwendeten Abbildungen die Rechteinhaberinnen und Rechteinhaber zu ermitteln. Sollte uns dies im Einzelfall nicht vollständig gelungen sein, werden berechtigte Ansprüche selbstverständlich im Rahmen der üblichen Vereinbarungen abgegolten.